私隱濃於水

論「人權」觀念在中國的轉化

對私隱權的啟示

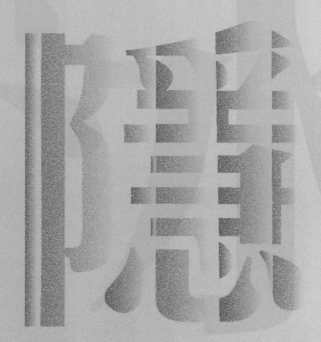

論「人權」觀念在中國的轉化對私隱權的啟示

The Transformation of the Concept of
"Human Rights" in China
and Its Implications on the Right to Privacy

序言

目下這一本書，是植廷修訂去年碩士論文而成的作品。全書所探討的一個重點問題為人權觀念在近代中國的轉化。這個題目不但一直以來都受到中國思想史學者的關注，而且問題本身至今仍具有相當重要的現實意義。綜合而言，書中揭示了源自西方的「人權」(human rights) —— 特別是「隱私權」(right to privacy) 觀念，在十八、九世紀於歐美等地逐漸形成後，如何在中西文化交流的進程中傳入中國，並逐漸在李鴻章 (1823-1901) 口中所說的「三千餘年一大變局」[1] 下為中國人所接受。與此同時，作者亦嘗試針對中國思想現代化，就當中牽涉個人權利的討論，提出了一些值得關注，並可作更進一步細緻分析的問題。

全書從十九世紀末至二十世紀初的中國政治社會背景入手，仔細分析了這段時間的客觀條件，如何直接影響知識分子和社會輿論對新思想的吸收與重構。在考察過程中，作者通過對史料和文獻的疏理，敏銳地察覺到，中國人在吸納西方的人權思想時，並非「全盤西化」式的照單全收，而是因應當時的特定歷史環境和社會需要作出調適和轉化，最後發展出一套有異於西方的論述話語。其中最重要

---

[1] 語見氏著，顧廷龍(1904-1998)、戴逸(1926-2024) 主編：《李鴻章全集》(合肥：安徽教育出版社，2008年)，冊5，奏議五，〈籌議製造輪船未可裁撤摺〉(同治十一年五月十五日〔1872年9月20日〕)，頁107。又作「數千年來未有之變局」，見前引書，冊6，奏議六，〈籌議海防摺〉(同治十三年十一月初二日〔1874年12月10日〕)，頁159。

的一點是，西方先哲楬櫫人權，其焦點均在個人權利的保障，而清末民初知識分子談人權，卻把它看成是促進「革命」和「民族復興」的手段或工具，以致因此出現一旦「革命沒有帶來富強，人權觀念擱在一旁」的情況（見本書的第四章）。再就「私隱」而言，書中又指出，相對於「西方偏重從人權論個人私隱，中國人對私隱問題的理解，更容易受社會性和人際關係等因素的影響」（見本書的第五、六章）。然而，人們或會不禁追問，那麼「人權」究竟是一種放諸四海皆準的普世價值 (universal value)，還是只不過為不同文化差異下，經由選擇所建構出來的信念而已？這個問題並不容易回答。英國哲學家以賽亞·伯林 (Isaiah Berlin, 1909-1997) 倡議其「價值多元論」(value pluralism) 時便曾經說過：「人類的目標是多元的，而這些目標之間也未必存在共通性，有的甚至是互相對立的」。[2] 若伯林所言不虛，則當今有人把中國人的人權，順應國情而約化成基本的生存權利，似乎亦是有其基礎的。這點，無疑值得我們再進一步深思。

此外，隨著大數據時代的降臨，如何有效保障個人的隱私權，已成了社會必須正視和著手處理的迫切問題。聯合國會員大會於 2013 年底通過了「數字時代隱私權決議」(Resolution 68/167 - The right to privacy in the digital age)，重申個人私隱應該「不受

---

[2]　Isaiah Berlin, "Two Concepts of Liberty," in *Four Essays on Liberty* (Oxford: Oxford University Press, 1969), p. 171. 近年有關伯林「價值多元論」的討論，參看 George Crowder, *The Problem of Value Pluralism: Isaiah Berlin and Beyond* (Oxon and New York: Routledge, 2020).

任意或非法干涉，而且享有受法律保護免遭這種干涉的權利」，因為這「對於落實表達自由」十分重要，「也是民主社會的基礎之一」。[3] 惟私隱所涉的政治、經濟和社會問題十分複雜，決議可以怎樣落實，現時尚人殊人言，相信在未來亦很難在短時間內達至定論。科技日新月異，時代變化急速，綜觀過往不少這方面的豪言偉論，頃刻之間竟變得落伍過時。不過，無論如何，總結前人在同一問題的答案始終是做學問的起步點，即使「溫故」未必能「知新」，但「借古鑑今」對今後的討論仍不無幫助，這起碼可以幫助我們避免重犯前人的錯誤。由此而言，植廷此書正好為我們提供了方便，也為討論添加了其個人的視角。

陳永明
香港大學中文學院名譽副教授
2024 年 4 月 12 日

---

[3]　參見聯合國大會第十六屆會議，議程項目69(b)，「2013年12月18日大會決議」(根據第三委員會的報告 [A/68/456/Add.2] 通過)，「68/167數字時代的隱私權」，頁1。

論文撮要

在簡述"權利"這個概念如何在西方劃時代的人權文獻中被創造、轉化和彰顯後，本論文揭示了現代的"權利"和"人權"觀念，在清末民初傳入中國時，採用了一種實用的手法，強調它們在近代中國國族建構中的價值，以致與此過程無關的內容，往往為知識份子和大眾所忽視。建基於此一觀察，論文繼而提出，外來思想若要在中國為人接受，一般必須在國家利益的社會話語中獲得認同。在參考了近年以人類學方法分析"私隱"概念的中國內部調查後，本文進一步論證，相比於西方偏重從人權論個人私隱，中國人對私隱問題的理解，更容易受社會性和人際關係等因素的影響。在剖析中國的"公"與"私"哲學辯論後，論文預期，中國未來保護私隱的發展，將無可避免地會受到中國傳統的哲理論述、社會政治因素的左右，並由國家闡明的優先原則所引導，其結果可能是，在界定私隱的過程中，"人格"比"人權"，更能使中國人感到信服。

關鍵詞：權利　人權　人格權　私隱　思想轉化

Abstract of dissertation

Going through briefly how the concept of rights was invented, transformed and enshrined in milestone human-rights-related documents in the west, this dissertation reveals that the introduction of the modern concepts of "rights" and "human rights" to China during the late Qing and early republican periods adopted a utilitarian approach, emphasizing their values in serving the emerging Chinese nation in its process of nation-building, and those not contributing to this process would not be taken seriously by the intellectuals and the public. With this observation, the thesis advances that the adoption of foreign ideas in China usually required their recognition in the social discourse of national interests. Coupled with an anthropological analysis of the concept of "privacy" in recent Chinese surveys, it further argues that privacy in the Chinese context was more sociological and relationship-influenced than that in the west, which was human-rights-oriented. Taking reference from the philosophical debate on "public" (*gōng*) versus "private" (*sī*) in China, it anticipates that the future development of privacy protection in China would inevitably be influenced by traditional Chinese philosophical narratives as well as the given socio-political factors and guided by the stated national priorities. As a result, the conception of "personality" (*réngé*) might be a more cogent force than human rights in defining privacy.

Keywords: Rights, Human rights, Rights of personality, Privacy, Transformation of thoughts

目錄

延伸閱讀和圖表目錄

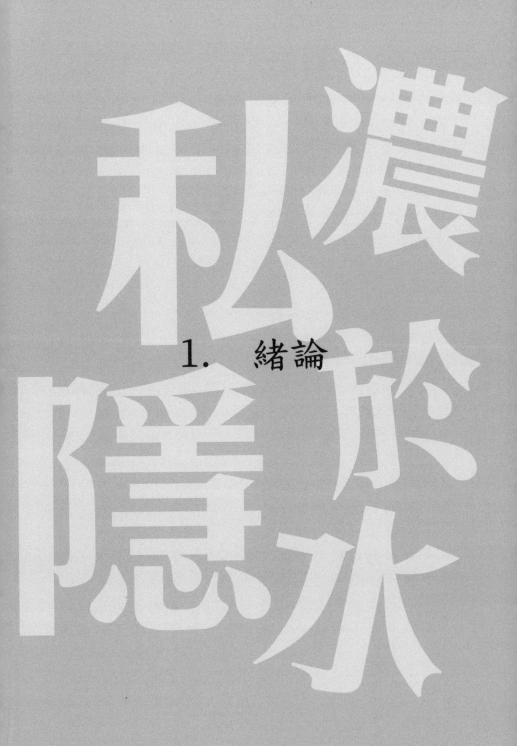

1. 緒論

1.1 研究緣起及意義

在一次閱讀一本關於西方法治概念發展史的英文書籍時，筆者讀到聯合國在上世紀四十年代末期草擬《世界人權宣言》，有中國代表張彭春（1892-1957）曾參與其事，[1]他是當年聯合國人權委員會的副主席（有關張彭春的生平見延伸閱讀（一）），而人權委員會是負責起草《世界人權宣言》的機構。

延伸閱讀（一）：聯合國人權委員會前副主席張彭春的簡介

張彭春有譯 P.C. Chang，P.C. 是 Pengchun 的簡稱，亦有譯作 Zhang Pengchun。張彭春小時入讀私塾，12 歲時開始接受西方式教育。他是第二批庚款留學生，與胡適（1891-1962）同屆，也受業於杜威教授（John Dewey, 1859-1952）。張彭春一生從事教育、戲劇和外交；曾在天津南開學校、南開大學執教，著力改革中國的教育。他醉心戲劇，在教育之餘大力推動南開新劇團，把西方話劇的方式方法帶進中國，中國著名的劇作家曹禺（萬家寶，1910-1996）便是從張彭春啟發出對話劇的興趣。因張彭春通曉中、西文化，也懂京劇，中國著名京劇表演

[1] 參見湯姆·賓漢 (Tom Bingham, 1933-2010), *The Rule of Law* (London: The Penguin Group, 2011), p. 33. 湯姆·賓漢曾於 1996-2000 年任英國首席大法官。

藝術家梅蘭芳（1894-1961），便兩度邀請張彭春指導其於海外演出京劇 [分別為 1930 年於美國及 1935 年於前蘇聯（今俄羅斯）演出]，大獲成功。在外交生涯，張彭春曾先後駐土耳其、智利及聯合國。張彭春對《世界人權宣言》的主要貢獻，包括引用儒家學說（例如以 "two-man-mindedness" 闡釋 "仁"）來論 "人權"，使神論者或無神論者的各國代表，不用爭拗人權的本質和來源（例如是否神賜予或是自然法所賦予等等），令草擬宣言不致陷入哲理上的僵局。張彭春於 1952 年辭職養病，1957 年於美國逝世。

　　以上有關張彭春的生平，參見崔國良編撰：〈張彭春年譜〉，載崔國良，崔紅（編），董秀樺（英文編譯）：《張彭春論教育與戲劇藝術》（天津：南開大學出版社，2003 年），頁 615-710。該年譜資料非常詳盡。有關張彭春對《世界人權宣言》的貢獻，參見 P.É. Will, "The Chinese Contribution to the Universal Declaration of Human Rights", in D.M. Mireille & P.É. Will (eds.) and N. Norberg (trans.), *China, Democracy and Law: A Historical and Contemporary Approach* (Holland: Brill, 2012), pp. 299-374.

　　這就引來筆者很大的興趣，因為對大眾來說，"人權" 一般被認為是西方的概念，而中國在這方面常常被西方國家批評，但原來中國在國際層面曾參與這麼重要的《世界人權宣言》的起草工作，卻又鮮為人知悉、提及以至理解。

那麼，"人權"和"權利"這些組合詞作為英語中 "human rights" 及 "rights" 在中文的對應詞，它們在清（1644-1912）末民初來到中國後，和原初在西方的語境和語義有沒有不同？在中國有沒有轉化？轉化了什麼？又怎麼轉化？這些問題的答案，都可以提供視角，更好地幫助我們理解中、西方對"權利"和"人權"的不同詮釋。

另外，"人權"也涵蓋"私隱權"。而常常有人認為私隱是一個西方概念，中國人並不重視私隱。[2] 但這說法很難完滿解釋例如為何中國內地近年來大力推動與規管個人資料私隱有關的法規（內地有關的法規見延伸閱讀（二）），而且某些法規不但參照了一般被認為是當今環球標準的歐洲聯盟（下稱"歐盟"）的《通用數據保障條例》，[3] 並

---

[2] 有研究者就指出她很多時聽說或遇到有人斷言中國人並沒有私隱意識。參見 Bonnie McDougall, "Privacy in Contemporary China", *China Information*, Vol. XV No. 2 (October 2001), p. 140. 原文為 "... I have frequently heard or seen it asserted that 'the Chinese' do not possess a sense of privacy". 指出有類此情況亦參見何道寬：〈簡論中國人的隱私〉，《深圳大學學報（人文社會科學版）》，1996 年 4 期（1996 年 11 月），頁 82。

[3] 《通用數據保障條例》（*General Data Protection Regulation*）在 2018 年 5 月 25 日起於歐盟及歐洲經濟區生效（筆者按：歐洲經濟區包括所有歐盟成員國、冰島、列支敦斯登及挪威），取代了自 1995 年實施的《資料保障指令》（*Data Protection Directive*）。由於新的條例大大加強了資料當事人對其控制個人資料的權利、大幅增加了資料控制者違反個人資料私隱規定的罰則，以及條例具有域外法權效力，一般認為該條例為現今數據社會保護個人資料私隱立下領導性的模範。

且在一些方面還比歐盟的法規行得更快、更前和更先。

延伸閱讀（二）：中國內地近年與規管個人資料私隱有關的法規

　　近年內地推出與規管個人資料私隱有關的法規，包括但不限於：

（一）《兒童個人信息網絡保護規定》（自 2019 年 10 月 1 日起實施）；

（二）《信息安全技術　個人信息安全規範》（修訂版）（自 2020 年 10 月 1 日起實施）；

（三）《常見類型移動互聯網應用程序必要個人信息範圍規定》（自 2021 年 5 月 1 日起實施）；

（四）《數據安全法》（自 2021 年 9 月 1 日起實施）；

（五）《關鍵信息基礎設施安全保護條例》（自 2021 年 9 月 1 日起實施）；

（六）《個人信息保護法》（自 2021 年 11 月 1 日起實施）；

（七）《個人信息出境標準合同辦法》（自 2023 年 6 月 1 日起實施）；

（八）《生成式人工智能服務管理暫行辦法》（自 2023 年 8 月 15 日起實施）；及

（九）《信息安全技術 個人信息去標識化效果評估指南》（自 2023 年 10 月 1 日起實施）等等。

以上第（一）至（六）項參見香港個人資料私隱專員公署：《內地〈個人信息保護法〉簡介》（香港：2021 年 11 月），頁 80-81。

第（七）項參見中國網信網：〈國家互聯網信息辦公室公佈《個人信息出境標準合同辦法》〉。取自 www.cac.gov.cn/2023-02/24/c_1678884830036813.htm，12-3-2024 擷取。

第（八）項參見中國網信網：〈國家網信辦等七部門聯合公佈《生成式人工智能服務管理暫行辦法》〉。取自 www.cac.gov.cn/2023-07/13/c_1690898326795531.htm，12-3-2024 擷取。

第（九）項參見全國標準信息公共服務平台：〈信息安全技術個人信息去標識化效果評估指南〉。取自 www.std.samr.gov.cn/gb/search/gbDetailed?id=-F789206610ADB223E05397BE0A0AE533，12-3-2024 擷取。

　　那麼，從清末民初"權利"等觀念在中國轉化的視角，能對近代"私隱權"在中國內地的發展帶來啟示嗎？它會帶來什麼的啟示？ 這些問題都對中國人對"私隱"和"私隱權"的觀念有重要的意義，特別是數碼世界在 2019 冠狀病毒病全球大流行期間已大幅度介入人們的日常生活（包括遠程工作、線上娛樂、線上社交和視像醫療及探訪病人等等）；而科技繼續急速發展和應用，帶來諸如元宇宙、生成式人工智能，也對人類的私隱觀念和私隱權帶來衝擊。

1.2 研究回顧

"人權"涉及的範圍至少包括價值和風俗體系、倫理道德、哲學、政治、法理和生活，又可再以中、西或不同地方就它們的起源、發展、歷史、交集和走向加以探討，所以牽涉"人權"的研究和著作範圍非常廣泛。歸根究底，"人權"與如何看待和處理人作為人應有的權利有關，而其實現就在於人和自己的關係、人與人的關係、人與團體的關係、人與政府的關係，以及人與社會的關係。

以是次研究的目的而言，在宏觀層面上，中、西方的文化及其思想，其實對人權觀念起着"底流"的作用。它們的對比，更能突顯中、西方在人權思想背後起着不着痕跡，但又很關鍵的作用。研究諸如梁漱溟（1893-1988）的《東西文化及其哲學》（北京：商務印書館，2010 年），可提供背景性的思想比較作用。

就是次研究，中國人的研究有涵蓋對中、西方（包括古希臘、古羅馬、基督教和近代啟蒙時期）的"人權"和"權利"的來源，例如夏勇的《人權概念起源—權利的歷史哲學》（北京：中國政法大學出版社，1992年），就有很全面性的介紹。吳忠希的《中國人權思想史略：文化傳統和當代實踐》（上海：學林出版社，2004年）就較少涉及與西方人權思想的比較，反而側重從中國文化，包括先秦時期和近代探索人權觀念的發展。

　　把範圍收窄專注於是次研究清末民初時的中國的"人權"觀念轉化狀況，劉志強的〈民國人權研究狀況的考察〉，《法律科學（西北政法大學學報）》，2015年第5期(2015年9月)，頁44-55，提供了一個很有用的宏觀分析，就民國時期的人權研究從其涉及的學科領域、主要內容、刊物出處、作者群和其背景作出分析，是一個很有用的工具。

　　中國人研究清末民初時期的人權思想的著作，較多反映對該時期個別思想家和知識份子就"人權"和"權利"的看法，例如杜鋼建的《中國近百年人權思想》（香港：中文大學出版社，2004年），便論述了11位思想家和知識份子的人權思想，可以對研究提供較廣闊和便捷的視野。馮江峰的《清末民初人權思想的肇始與嬗變：1840-1912》（北京：

社會科學文獻出版社，2011年）就提供了一個貫穿1840年至1912年那時期，中國在人權思想上的形成、法制變革的實踐和相關的社會風俗的改良的研究（該著作就後兩項範圍的研究尤為深入）。

有研究則專門探討清末民初時期個別思想家的人權思想，劉志強的《中國現代人權論戰：羅隆基人權理論構建》（北京：社會科學文獻出版社，2009年）便是一例。

要深入研究個別思想家和知識份子的人權思想，他們的文集，或在清末民初時期的文章合集會有幫助。這些包括例如康有為（1858-1927）的《大同書》（北京：朝華出版社，2017年）、梁啟超（1873-1929）著，張岱年（1909-2004）主編的《新民說》（瀋陽：遼寧人民出版社，1994年）、梁啟超著，陳書良選編的《梁啟超文集》（北京：北京燕山出版社，1997年）、孫中山（1866-1925）著，孫中山研究學會、孟慶鵬編的《孫中山文集》（北京：團結出版社，1997年）的上、下冊、羅隆基（1896-1965）著，劉志強編的《人權‧法治‧民主》（北京：法律出版社，2013年）以及共三卷五冊的張枬、王忍之編的《辛亥革命前十年間時論選集》（香港、北京：三聯書店，1962、1963及1977年）等等。史提芬‧安靖如 (Stephen C. Angle) 和瑪麗娜‧史雯 (Marina Svensson) 編的 *The Chinese Human Rights Reader: Documents and Commentary,*

1900-2000 (New York: M.E. Sharpe, 2001)，就提供了中國在 20 世紀 100 年間的重要的人權文章（或演辭）的英語翻譯，[4] 而每一篇文章（或演辭），編者都提供了有用而扼要的背景，可以作為對上世紀重要的人權文獻（或演辭）及其背景之便捷綜覽。

亦有研究針對重要的西方人權文獻，考察它在清末時在中國的傳播路徑，程夢婧的《〈人權宣言〉在晚清中國的旅行》（桂林：廣西師範大學出版社，2017 年）是一例。[5] 這個研究以內生性的視角，考察在清末時人權觀念在中國的發展，是較少研究者採用的方法和角度，頗為獨特。

另外，林恩·肯特 (Lynn Hunt) 的 *Inventing Human Rights: A History* (New York: W.W. Norton, 2008) 以新文化史手法，從西方在 18 世紀啟蒙時期興盛的書信文學和個人肖像畫的現象，提到當中所反映對人的同理心以及對個人的獨特性的重視，分析了傳統以酷刑作為刑罰以保護社會整體安全和保護當其時宗教的凌駕性地位如何遭受瓦解，並同時促進人權概念的確立，以及西方對人權觀念的普世性的信念。肯特以這種新文化史手法，從內生性的動力去解構人權觀念的起源，在中國人對自己的人權觀念的研

---

[4] 有個別文章（或演辭）的原文為英語，例如張彭春在聯合國討論草擬《世界人權宣言》時的發言記錄便是。

[5] 〈人權宣言〉是指法國 1789 年的〈人權和公民權宣言〉(*Déclaration des droits de la l'homme et during citoyen*)。參見程夢婧：《〈人權宣言〉在晚清中國的旅行》（桂林：廣西師範大學出版社，2017 年），頁 3、203。

究當中，非常少見（甚至乎沒有，至少在是次研究沒有發現），這是未來研究中國的人權觀念的一個很大的空間。

就近代西方人權觀念的發展，Akira Iriye, Petra Goedde 及 William I. Hitchcock 編的 *The Human Rights Revolution: An International History* (Oxford and New York: Oxford University Press, 2012) 提供了因應諸如猶太人被大屠殺、第二次世界大戰後對何謂戰爭罪行的紐倫堡原則 (*Nuremberg Principles*)，以及女權等問題如何影響西方近代人權觀念的發展的研究，有助於更好地理解西方的人權觀念發展的歷史、政治和社會基礎。

把西方研究範圍縮窄至中國人的人權觀念，有 Stephen C. Angle 的 *Human Rights & Chinese Thought: A Cross-Cultural Inquiry* (Cambridge: Cambridge University Press, 2000)。該書並有中譯本（安靖如著，黃金榮、黃斌譯：《人權與中國思想：一種跨文化的探索》[北京：中國人民大學出版社，2012 年]），它考察了語言和概念的關係，並探討了中國傳統文化的多元性，以及新儒家思想對於合理欲望的轉變；從中深刻地以中、西方在集體相對於個人、社會關係中的和諧相對於衝突、社會、經濟和文化權利相對於政治和公民權利等視角分析中、西文化中的人權觀念，是相當深刻的研究。

另外，羅拔‧韋瑟利 (Robert Weatherley) 的 *The*

Discourse of Human Rights in China: Historical and Ideological Perspectives (Basingstoke, Hamphire & London: Macmillan Press, 1999) 對於分析西方的自由主義、中國的儒家思想、清末民初的共和思想和馬克思主義中的"權利"和"人權"觀念,是很紮實的。Robert Weatherley 的另一部著作,*Making China Strong: The Role of Nationalism in Chinese Thinking on Democracy and Human Rights* (London: Palgrave Macmillan, 2014),則就民主和權利的發展,對焦於中國近代的不同時段 [由清末至後毛澤東 (1893-1976) 時期] 作出論述。

亦有研究從政治歷史的角度,論述中國在清末以後百年間,人權觀念如何體現在不同的政治辯論中,Marina Svensson 的 *Debating Human Rights in China: A Conceptual and Political History* (Lanham: The Rowman & Littlefield Publishing Group, Inc., 2002) 便是一例。

另外,對某一清末民初時期的思想家或知識份子的思想作深入探討的英語著作很少,可能是因為通曉中文的外國專家始終為數較少,或中國該時期的思想家和知識份子很少以英語寫作,或者著作很少被翻譯成英語,又或這三個原因兼而有之。本杰明·史華慈 (Benjamin Schwarz, 1916-1999) 的 *In Search of Wealth and Power: Yen Fu and the West* (Cambridge, Massachusetts: Belknap Press, 1964) 是少數的例子;

此書也有中譯本 [（美）本杰明·史華慈著，葉鳳美譯：《尋求富強：嚴復與西方》（南京：江蘇人民出版社，1996 年)]。

至於"私隱"（在內地及台灣一般以"隱私"表述），[6] "私隱"牽涉到個人對自己的空間（包括物理性的和精神性的）的安寧，以及其私密性和自主性，與能否和能夠自我控制的程度，和一己不受他人不必要的干涉有關。這就涉及"己"與"非己"的關係，也是關於"私"與"公"的關係。

研究中國的"公"與"私"的關係的著作有不少。劉澤華 (1935-2018)，張榮明等著，劉澤華主編的《公私觀念與中國社會》（北京：中國人民大學出版社，2003 年）是 2002 年一個研討會的論文合集，收集了 20 篇研究中國由春秋戰國時代至清末和近代

---

[6] 應注意的是，是次研究範圍不包括考察"私隱"和"隱私"這兩個漢語詞如何形式和相互的通約性。在此論文當中，此二詞作相通使用。
儘管如此，有內地學者蘇力（朱蘇力）被引述他將"privacy"對譯為"私隱"有其理由。理由即在於："首先其是私才隱而不是因其隱而私。因此，隱私界定的邏輯前提是公共領域和私人領域的劃分，'私'是'隱'的倫理基礎，隱私的觀念源於公與私的分立和對峙。"參見馬特：〈隱私語義考據及法律詮釋〉，《求索》，2008 年 5 期 (2008 年 5 月)，頁 132。另外亦有研究者表示要構成"隱私"，必須要第一為"私"，第二為"隱"。而"私"就是純粹個人的，與公共利益、群體利益無關的事情。所以"私"是構成"隱私"的前提。任何公共的，群體的事情或與之有關的事情都不能成為某個人的隱私。問題是如何區分某件事情是個人的還是公共的而已。參見聶威、楊大飛：〈第十一章 隱私權〉，載王利明主編：《人格權法新論》（長春：吉林人民出版社，1994 年），頁 480-481。
綜合以上，筆者認為"先私而後才能言隱"，而不能或不是"先隱而後言之為私"。故此筆者認為"私隱"作為"privacy"的對應詞，比"隱私"更佳。但由於內地把"privacy"一般譯作"隱私"，而內文亦有多處引述內地資料，故在此論文中，"隱私"和"私隱"作相通使用。

的公私觀念；當中劉暢的〈中國公私觀念研究綜述〉，頁 366-413，是很有用的綜合性研究陳述。黃克武的〈從追求正道到認同國族：明末至清末中國公私觀念的重整〉，《國學論衡》，2004 年 11 月（2004 年 00 期），頁 373-426，就描寫明（1368-1644）末到清末的三百年間，主要的思想諸如儒家與宋明理學的論述、從道學到實學的思想變遷、顧炎武（1613-1682）和黃宗羲（1610-1695）等的反專制思想，要求肯定庶民之私、清末改良派和革命派的漸進改革和革命思想等等，以及它們如何交互影響公私觀念的轉變。余英時（1930-2021）著的〈士商互動與儒學轉向—明清社會史與思想史之一面相〉，載沈志佳編：《余英時文集》，第三卷，《儒家倫理與商人精神》（桂林：廣西師範大學出版社，2004 年），頁 162-212，就提供了社會經濟發展導致"私"獲得肯定的內生性分析，是從實際生活的視角剖析思想的轉變。

另外，佐佐木毅、金泰昌主編，劉文柱譯的《公與私的思想史》（北京：人民出版社，2009 年），就以西歐、中國、伊斯蘭世界、日本和印度為對象，就公私問題的思想史作出比較。溝口雄三（1932-2010）著，鄭靜譯，孫歌校的《中國的公與私·公私》》（北京：三聯書店，2011 年）把研究重點放在"私"得到肯定的明末清初以及繼承了這一取向的清末民初時期，去考察公私觀念是如何發展，亦與日本作出對比。而巴林頓·摩爾（Barrington Moore, Jr., 1913-2005）的 *Privacy: Studies in Social and Cultural*

History (New York: M.E. Sharpe, 1984) 先援引對部落社會的私隱觀念的研究，繼而考察古希臘、古猶太教和古代中國的公私觀念。以人類學方法考察私隱觀念，有助於更好地理解人類原初對私隱觀念的需要（或不需要）和原因；而該著作對古代中國的研究，主要集中在春秋戰國時期的文獻考察。

中國內地對隱私的研究，有很多從法理角度討論隱私權。[7] 而近來亦有非常多的研究，探討新科技（諸如人工智能、大數據等等）如何影響隱私。[8] 但從思想史的視角去研究隱私作為人權的一種觀念，則相對比較少。這可能因為內地研究隱私問題大致上由上世紀八十年代才開始，而改革開放後法制的改革是一個重要議題，而且新科技如何影響隱私所涉及的範圍廣及法律、商業和消費模式，以及科技的自身發展等等，所以有很多隱私問題的研究都涵蓋這些方面也是自然的事。

[7] 例如：
（一）馬特：《隱私權研究：以體系構建為中心》（北京：中國人民大學出版社，2014 年）。
（二）王澤鑒：〈人格權的具體化及其保護範圍 — 隱私權篇〉，《比較法研究》。此研究分上、中、下篇，分別刊載於期刊的 2008 年 6 期（2008 年 11 月），頁 1-21、2009 年 1 期（2009 年 1 月），頁 1-20，以及 2009 年 2 期（2009 年 3 月），頁 1-33。
（三）聶威、楊大飛：〈第十一章 隱私權〉，載王利明主編：《人格權法新論》，頁 469-497。
[8] 例如：
（一）王天恩：〈智慧化時代隱私新問題及其應對〉，《社會科學家》，2023 年 3 期（2023 年 3 月），頁 14-22。
（二）李文才：〈大數據背景下基於個性化推薦的安全隱私問題綜述〉，《網絡安全技術與應用》，2023 年 5 期（2023 年 5 月），頁 67-71。
（三）朱宏：〈人工智慧發展衝擊下的隱私權保護路徑探索〉，《法制博覽》，2023 年 11 期（2023 年 4 月），頁 54-56。

值得注意的是，近年有研究者透過數位方法，分析中國人在社交媒體上的帖文提述"隱私"時的語境和語義，以了解中國人如何理解"隱私"，Z. T. Chen, M. Cheung 的 "Privacy Perception and Protection on Chinese Social Media: A Case Study of WeChat", *Ethics and Information Technology*, Vol. 20 Issue 4 (December 2018), pp. 279–289, 便是一例。有研究者亦針對類似目的，但作跨文化比較，用數位方法分析了 10 年期間以普通話和英語在社交媒體和新聞文章提述"隱私"和"privacy"時，在對象、語境、語義和擔憂的異同；Yuanye Ma 的 "Relatedness and Compatibility: The Concept of Privacy in Mandarin Chinese and American English Corpora", *Journal of the Association for Information Science and Technology*, Vol. 74 No. 2 (February 2023), pp. 249–272, 便是一例。

有研究者則從社會的其它生活層面以人類學田野考察方式研究中國人如何理解"隱私"。閻雲翔 (Yunxiang Yan) 的 "Domestic Space and the Quest for Privacy", in Yunxiang Yan, *Private Life under Socialism: Individuality and Family Change in a Chinese Village, 1949-1999* (Stanford, California: Stanford University Press, 2003), pp. 112-139, 便是一例。該研究以黑龍江省某鄉村的房屋在 1980 年代中至 1990 年代的重建和屋內佈局變化作起點，重建和屋內佈局改變是因應當時經濟改革令農民收入增加和農村去集體

化而導致鄉村房屋模式改變，其中的一個結果是房屋比以前提供了多許多隱私空間，而當中村民是以什麼因由去改變原有佈局，是因為出於追求多些隱私，還是因為其它原因但湊巧達到多些隱私的效果？這是以內生性角度尋找中國鄉村的人對隱私採取的視角。

以清末民初的一段時間為焦點來探討隱私觀念的研究比較少。盧震豪的〈從"陰私"到"隱私"：近現代中國的隱私觀念流變〉，《法學家》，2022年6期（2022年11月），頁31-45、192，是少有抓着清末民初時期中國社會的一個內部爭端（即就立法規管新聞報導與個人隱私、名譽及公共利益的平衡問題的爭論），細緻分析近代中國如何透過立法過程中引起的討論，逐漸從"陰私"觀念引發出"隱私"觀念並與之剝離，是少有考察內生性動力如何使中國傳統的"陰私"觀念轉化至"privacy"（"隱私"）觀念。[9]

外國有研究中國的隱私觀念的有邦妮·杜博妮 (Bonnie S. McDougall), 安德斯·漢森 (Anders Hansson)

---

[9] 有研究清末民初時期隱私權和新聞自由的衝突包括付紅安、齊輝：〈晚清民國時期隱私權與新聞自由的衝突與調適—從新聞法制的視角考察〉，《西南政法大學學報》，2019年2期（2019年4月），頁77-84、操瑞青：〈觀念為什麼難以成為制度—近代中國新聞出版領域"陰私"立法的論爭與失敗〉，《新聞記者》，2020年5期（2020年5月），頁74-87。前者的主要取材和盧震豪：〈從"陰私"到"隱私"：近現代中國的隱私觀念流變〉，《法學家》，2022年6期（2022年11月），頁31-45、192，是類近而分析較簡略；而操瑞青的前述研究則視角稍有不同，主要集中分析為何揭人陰私的報導大體上都不為報界接受，但立法規管新聞報導又引來爭議。

編的 *Chinese Concepts of Privacy* (Leiden and Boston: Brill, 2002)，該書主要是 2001 年一個研討會的研究合集，涵蓋了從不同時期的事例考察中國人的隱私觀念（包括利用文學作品《紅樓夢》中一些用來保護隱私的方法、一些書信往來的公開版本和原版的比較等等）。研究命題較為分散，但能夠從中國內部現象去考察隱私觀念。筆者觀察到，在研究中國人的隱私觀念時，這種研究方法和角度，仍然有很大的開拓空間。

1.3　研究方法及創新點

是次研究的焦點是＂人權＂、＂權利＂觀念在清末民初時在中國的轉化，以及其對私隱權的啟示。是次研究對清末民初並沒有硬性指定某個年期，但會較注重在甲午戰爭失敗之後，至國民黨完成北伐，至少表面上統一中國這段時間。[10]

這是因為在這段時間，中國人經歷甲午戰爭慘敗於日本、[11] 漸進改良與革命之爭、以至推翻帝制、建立共和國，但共和體制並沒有帶來富強、統

---

[10] 即使如此，不代表此論文不涉及這段時間前後的一些事情，因為觀念或思想的轉化，在每階段都總有其前因和後果，每階段都有互相交疊和互為影響而不能確切地切割，亦難以定論轉化從哪年哪日開始，至哪年哪日完成。

[11] 有關甲午戰爭及隨後中、日簽定馬關條約對官員、思想家和知識份子的思想衝擊，參見葛兆光：〈1895 年的中國：思想史上的象徵意義〉，載葛兆光著：《中國思想史》，第二卷，《七世紀至十九世紀中國的知識、思想與信仰》（上海：復旦大學出版社，2001 年），頁 530-550。

一的中國，中國仍舊內外積弱，隨後爆發大力反傳統的五四運動，至國民黨完成北代（令中國至少表面上統一），中國人（尤其是思想家和知識份子）在這段時間受到的思想衝擊是巨大的，其轉化也較明顯。

亦因為以上的原因，是次研究沒有指定某一特定的人物以考察其"人權"思想的轉化。只要有史料佐證在以上所述的清末民初時期中國人對"人權"觀念的引進、調適、在地化或改變等，都能幫助理解"人權"觀念在清末民初時在中國如何轉化。

故此，是次研究的方法包括文獻考察（無論是原始資料或二手資料）、相關的社會風俗變化的考察，以使"人權"觀念的轉化能從思想和生活的歷史視角去理解。是次研究的創新點，是聚焦"人權"觀念在清末民初的轉化，用以考究對私隱權在中國發展帶來的啟示，希望對我們討論未來私隱權的發展，提供有用的思考角度。

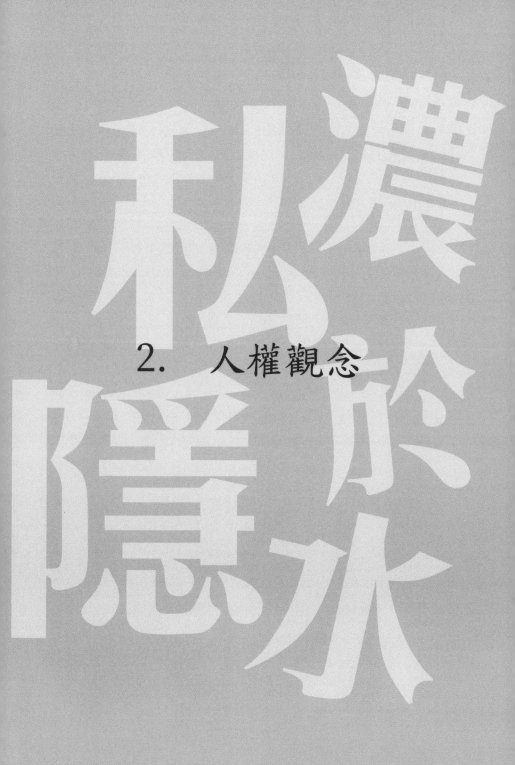

2. 人權觀念

2.1 西方的經典人權文本

西方國家的一系列經典人權文本，包括英國 1215 年的〈自由大憲章〉(*Magna Carta*)、美國 1776 年的〈獨立宣言〉(*Declaration of Independence*) 和法國 1789 年的〈人權和公民權宣言〉(*Déclaration des droits de la l'homme et during citoyen*)。

英國的〈自由大憲章〉是世界上第一部規定權利和自由的法律文本，對中世紀及近現代的人權文明具有創先河的作用。它所規定的財產權、人身權、正當法律程序等成為後世憲法權利的重要內容。[12]

美國的〈獨立宣言〉最為人熟知的一段，即"我們認為下面這些真理是不言而喻的：人人生而平等，造物者賦予他們若干不可剝奪的權利，其中包

---

[12] 參見程夢婧：《〈人權宣言〉在晚清中國的旅行》，頁 4。應要注意的是，另有研究者表示，〈自由大憲章〉是以拉丁語寫成，原版難破譯，即使翻譯了也晦澀難明。參見 Tom Bingham, *The Rule of Law*, p. 10. 故此，現在人們用的英語版的〈自由大憲章〉，也不是原版，而是翻譯版。〈自由大憲章〉的第 39 及第 40 條非常彰顯人權和權利的地位。第 39 條的內容如下："除因此地的法律或被其同儕合法判定，否則沒有自由民可以任何方式被扣押、監禁、剝奪權利或其擁用，或被禁制或放逐，或剝奪其身份地位，亦不對他或指使其它人對他施以武力。"原文為 "No free man shall be seized or imprisoned or stripped of his rights or possessions, or outlawed or exiled, or deprived of his standing in any other way, nor will we proceed with force against him, or send others to do so, except by the lawful judgment of his equals or by the law of the land." 第 40 條的內容如下："不會向任何人出賣、否絕或耽擱權利或公義。"原文為 "To no one will we sell, to no one deny or delay right or justice." 參見 Tom Bingham, *The Rule of Law*, p. 10. 條文中譯本為筆者自譯。

括生命權、自由權和追求幸福的權利。"[13] 其中"人人生而平等"的觀念獲得廣泛的傳播和接受。美國的〈獨立宣言〉，為13年後的法國的〈人權和公民權宣言〉賦予了靈感。[14]

法國的〈人權和公民權宣言〉則第一次系統地建立了人權的基本體系，是第一個全面、系統規定人權且最重要的文本。其中，〈人權和公民權宣言〉列舉了一系列具體人權，包括自由權、平等權、財產權、安全和反抗壓迫的權利等。它還確立了一些重要的法律原則，如正當法律程序原則、罪刑法定原則及無罪推定原則等。這些在現代仍是人們很熟悉的權利。同時，它明確了憲法與人權的緊密關係。[15]

2.2 "Right" 的意思和使用

有研究者指出，"'權利'這個詞被引入歐洲語

---

[13] 引述譯文見程夢婧：《〈人權宣言〉在晚清中國的旅行》，頁4。原文為 "We hold these truths to be self-evident, that all men are created equal, that they are endowed by their Creator with certain unalienable Rights, that among these are Life, Liberty and the pursuit of Happiness." [National Archives, "America's Founding Documents: Declaration of Independence - A Transcription". From www.archives.gov/founding-docs/declaration-transcript, retrieved 1-7-2023.]

[14] 據研究者指出，法國的〈人權和公民權宣言〉首先由拉斐德侯爵 (Marquis de Lafayette, 1757-1834) 草擬和提出。他那時由美國返回法國，並深受美國的〈獨立宣言〉彰顯的原則所啟發。參見 Tom Bingham, *The Rule of Law*, p. 27.

[15] 此段參見程夢婧：《〈人權宣言〉在晚清中國的旅行》，頁4。〈人權和公民權宣言〉的中譯本見潘漢典譯：〈[法國]人和公民的權利宣言〉，載同注，頁203-205。

言，大約是在十四至十五世紀"[16]，而"人權"一詞"出自文藝復興的先驅但丁 (Dante Alighieri, 1265-1321) 的作品"。[17] 文藝復興於 13-14 世紀於意大利興起，是西方人權觀產生的思想根源，當其時的人文主義思想家在他們的作品中提出反對封建神權，反對特權階級的人權思想。[18] 這顯示了"人權"

---

[16] 金觀濤、劉青峰：《觀念史研究：中國現代重要政治術語的形成》（北京：法律出版社，2009 年），頁 102。該研究者亦引述指出，" right 在英文中原意為尺度 (rule) 或合乎尺度（如直線），並由此引申出'正確的結論'等意義。這個詞也有'責任'(obligation)、'合法性'(legitimacy)、'正當性'(justification) 等價值指向。"見同注，頁 100。

[17] 馮江峰：《清末民初人權思想的肇始與嬗：1840-1912》（北京：社會科學文獻出版社，2011 年），頁 19。該作者並寫道："在《煉獄》中他［筆者按：指但丁］說'自由是如此可貴，凡是為它捨棄生命的人都知道'。在《天國》中說："上帝在當初創造萬物的時候，他那最大、最與他自己的美德相似，而且是為他自己珍愛的恩賜，乃是意志的自由'"。見同注，頁 19。

[18] 是次研究不包括考察甚麼內生性因素導致在西方社會出現"人權"、"權利"的話語。不過，高一涵 (1885-1968) 就曾解釋了西方的政治的基本權利，是如何由中世紀的"同業公所"(guild) 作為工業的單位，嚴格限制無論是手工業、商業、漁獵業、甚至乎農奴等等行業人員的自由改業，但卻遭逢當時很多人都可以憑著自己的能力去經營工商各業，結果在追求個人發展下，便打破"同業公所"的專制，種種"職業自由"、"思想自由"、"信教自由"等類的自由，便伴隨着要求更好的文明生活的自由，要求打破由中古沿襲下來的政治專制、宗教專制、思想專制等等應運而興。參見高一涵：〈省憲法中的民權問題〉，《新青年》，第 9 卷 5 期 (1921 年 9 月)，頁 40-42。高一涵於 1916 年畢業於日本明治大學，1918-1926 年任北京大學政治學教授，隨後又曾任上海法政大學和吳淞中國公學教授，也曾擔任國民政府監察院監察委員，1949 年後又成為了南京大學法學院院長。參見（美）安靖如著，黃金榮、黃斌譯：《人權與中國思想：一種跨文化的探索》（北京：中國人民大學出版社，2012 年），頁 208。原文見 Stephen C. Angle, *Human Rights & Chinese Thought: A Cross-Cultural Inquiry* (Cambridge: Cambridge University Press, 2000), p. 189.

就"同業公所"對其所規管的行業的嚴格規定（無論是給人參加或收學徒的機會等等），參見梁漱溟：《中國文化要義》（台北：正中書局，1967 年），頁 59-61。梁漱溟以"基爾特"譯"guild"，亦指出其中譯有"同業公會"，或"行會"。孫中山也曾提及歐洲在革命以前，"人民也世世代代都是世襲一種事業，不能夠去做別種事業。……祖父做一種什麼事業，子孫就不能改變。這種職業上不能夠改變，就是當時歐洲的不自由。……"（孫中山：〈三民主義：民權主義 第三講〉，載孫中山著，孫中山研究學會、孟慶鵬編：《孫中山文集》（北京：團結出版社，1997 年），上冊，頁 164。該講於同注未有確實日期，但應在民權主義第二、第四講之間，即 1924 年 3 月 16 日至 4 月 13 日之間，見同注，頁 147、175。）

並非歐洲人的固有思想。正如另有研究者指出，"關於人權的概念和討論，並不是在人類各大文明中自古便存在的，而是現代世界中獨特的現象。人權思想首先出現於西方文化圈，時間是 17 世紀和 18 世紀。……人權理念是西方在現代階段的嶄新的、史無前例的創造，它並不存在於西方文明的以往的階段 ── 如古代希臘文明、古代的羅馬文明或中世紀的歐洲文明。" [19]

西方的人權觀念，建基於下列信念：個人自由是一個自身本然值得追求的價值，也是一個追求其它價值，包括社會、團體或個人福祉所必須具備的前提。對很多自由權利理論者而言，最指導性的原則便是要尊重個人的個性追求，通過它而彰顯每個人的道德意義上的自主，由他們自己決定何謂"好"。要有道德意義上的自主，人就要有不受干擾的自由；或在無論可否完全自主的情況下（例如是兒童，或精神上有殘障的人），社會、政府對人承擔義務，讓他們可以追求個性，讓每一個人的自主性都有機會發揮。強調前者（即不受干擾的自由），便發展出偏向自由主義的體系；強調後者（即強調提供機會達致每個人的福祉），便發展出偏向社會、

---

[19] 陳弘毅：〈中國文化傳統與現代人權觀念〉，載陳弘毅著，梁治平主編：《法治、啟蒙與現代法的精神》（北京：中國政法大學出版社，2013 年），頁 135-136。"中世紀"一般是指在歐洲歷史中始於西羅馬帝國的滅亡，至東羅馬帝國滅亡的一段時間，即是 476 年至 1453 年。該研究者在其一篇〈人權、啟蒙與進步〉，亦再提及"……權利的概念或詞語不但不存在於 15 世紀前的西方語言（如拉丁文、希臘文），也不存在於傳統的希伯來語、阿拉伯語或東方語文，如中文、日文。由此可見，我們現在所常用的'權利'概念完全是近代西方文明的產物。"見同注，頁 26。

經濟權利的體系。[20]

我們現在一般理解的西方人權觀念，是以自由主義思想為主導。以此觀之，西方的人權觀念，有幾個特點。首先，它強調個人作為人，人對自己個性的追求、對個性的伸展是人的本然價值，故此，"人權"具有普世性，並不以國家或法律為界限。人作為個體有其價值和尊嚴，都應該享受同樣的權利和自由。另外，在"社會契約論"的基礎下，政府行使公共權力的一大目的，便是保障人權。換句話說，保障人權實現的義務承擔者就是國家、政府；也就是說，人權所要防範和警惕的主要是來自國家和政府的侵害。這幾個特點都適用於西方的"權利"觀念。

應要注意的是，"人權"並不是一個固定不變的觀念。西方的人權觀念亦隨着時間的變遷而內容有所改變。正如在十八世紀末時，西方不但排除兒童、瘋人、囚犯或外國人參與政治，也排斥那些沒有資產的人、奴隸、黑人（即使是自由民）、婦女，以及在某些情況下的少數宗教人士參與政治。[21]但到今天，情況已大不相同。所以，"人權"的內容

---

[20]　此段參見David Feldman, *Civil Liberties and Human Rights in England & Wales* (Oxford: Clarendon Press, 1993), pp. 3-34.

[21]　參見 Lynn Hunt, *Inventing Human Rights: A History* (New York: W.W. Norton, 2008), p. 18. 亦正如有研究者指出，"雖然美國《獨立宣言》說'人人生而平等'，但黑奴制度在美國建國後仍然存在，直至19世紀中期南北戰爭後才廢除。雖然各個西方國家在19世紀都採納了憲政主義，⋯⋯不分財產，不分性別的普選要到20世紀才逐漸實現。"（陳弘毅：〈人權與民主〉，載陳弘毅著，梁治平主編：《法治、啟蒙與現代法的精神》，頁86。）

是動態的，並非一成不變。[22]

2.3 "權"、"利"、"權利"的意思和使用

從詞源學角度，"權"一字泛指秤，也表示衡量、平衡、權力、變通、謀略。[23] "利"一字本義是"割禾收成，有增益之義"，[24] 一般理解含義為"利益"、"利潤"、"收益"、"好處"等。

而"權利"這個組合詞，有研究指出早在先秦時代便已出現，譬如：

> 《荀子‧君道》中說："接之於聲色、權利、忿怒、患險，而觀其能無離守也。"《荀子‧勸學》中又說："君子知夫不全不粹之不足以為美也……是故權利不能傾也，群眾不能移也，天下不能蕩也。生乎由是，死乎由是，夫是之為德操。"[25]

---

[22] 正如有研究者指出："……當代人權概念比 18 世紀所理解的人權更為充實、豐富和完整，除了'第一代'（18 世紀）的人權（如人身自由、不受酷刑、言論自由、參政權、選舉權等公民和政治權利）外，更包括'第二代'人權（社會與文化權利，如工作的權利，享有合理工資的權利，享受醫療、教育和社會保障的權利等）和'第三代'人權（如民族自決權、經濟發展權、和平權等）。"（陳弘毅：〈人權與民主〉，頁 86-87。）

[23] 參見香港中文大學人民電算研究中心：〈漢語多功能字庫〉。取自 humanum.arts.cuhk.edu.hk/Lexis/lexi-mf/search.php?word=%E6%AC%8A，10-5-2023 擷取。

[24] 參見香港中文大學人民電算研究中心：〈漢語多功能字庫〉。取自 humanum.arts.cuhk.edu.hk/Lexis/lexi-mf/search.php?word=%E5%88%A9，10-5-2023 擷取。

[25] 趙明：〈近代中國對"權利"概念的接納〉，《現代法學》，第 24 卷 1 期（2002 年 2 月），頁 70。荀子原文，見王先謙撰，沈嘯寰、王星賢點

以上荀子文中所謂"權利"，意指權勢與貨財。漢（前 202-220）以後，"權利"的主要用法仍是泛指權勢與貨財。[26]

而在《商君書・算地》則有另外的用法：

夫民之情，樸則生勞而易力，窮則生知而權利。易力則輕死而樂用，權利則畏法而易苦。[27]

這裏"權利"作為動詞用，是權衡利害的意思，而"利害"也與"權勢"和"貨財"分不開。

有研究者指出，《荀子》和《商君書》對"權利"一詞的兩種用法正好體現了該詞在中國傳統文化中的兩個基本意思：一是指權勢、威勢和貨財；二是指權衡利害。[28]

校：《荀子集解》（北京：中華書局，1988 年），上冊，卷 8，〈君道篇第十二〉，頁 241 及卷 1，〈勸學篇第一〉，頁 18-19。
[26] 參見金觀濤、劉青峰：《觀念史研究：中國現代重要政治術語的形成》，頁 106-107。
[27] 趙明：〈近代中國對"權利"概念的接納〉，頁 70。商君原文，見高亨注譯：《商君書注譯》（北京：中華書局，1974 年），第 1 冊，〈算地第六〉，頁 153。
[28] 趙明：〈近代中國對"權利"概念的接納〉，頁 70。

2.4 "Right" 翻譯成 "權利" 的由來和困難

在 1894 年中日戰爭後簽訂的馬關條約，進一步激起了思想家和知識份子要通過各種途徑學習西方文化，各種政治、經濟、哲學、社會、文藝等著作亦因此陸續翻譯到中國來。[29] 有研究者指出：

> 據 1899 年出版的《東西學書錄》和 1904 年的《譯書經眼錄》統計，從 19 世紀末到 20 世紀初，被翻譯和出版的西方書籍共達 556 部之多。其中，自然科學佔 23%；兵部工藝類佔 6.3%；哲學社會科學類佔 61.5%。在這些書中，關於西方政治法律的方面就達七十餘部，佔到了總數的 13% 以上。另據上海人民出版社從 1965 年起出版的《中國近代期刊篇目滙編》統計，從 1857 年到 1918 年的 60 年間，在 495 種、一萬一千多冊的期刊文章篇目中，介紹西方哲學社會科學、進化論以及西方政治學說中自由平等、天賦人權理論和各種人生觀的文章，竟然佔到了總數的三分之二以上。[30]

這在在顯示了當時中國人對西方的哲學社會科學類知識的濃烈興趣。這創造了一個對西方思想開

---

[29] 參見吳忠希：《中國人權思想史略：文化傳統和當代實踐》（上海：學林出版社，2004 年），頁 91。
[30] 同上注。

放的環境，這個環境亦反過來影響思想家和知識份子的思想。

對西方人權思想傾慕至為激烈者，可能莫以柳亞子 (1887-1958) 為甚："1903 年，柳亞子因'讀盧梭 (Jacques Rousseau, 1712-1778) 《民約論》，倡天賦人權之說，雅慕其人，更名曰人權，字亞盧'"。[31] "柳人權"這名字明顯地表達了其人對人權思想之鍾愛和其傳播人權思想的熱忱；"柳亞盧"則在在表達其人熱切期望自己成為（或可能認為自己已成為）中國的盧梭，都差不多是不言而喻了。

有研究指出，"天賦人權"一詞早在 1870 年代便為日本學者使用，而在 1899 年左右便廣泛在中國使用。[32] 而據研究指，"人權"一詞是首先出現於日文當中。不過中文當中"人權"一詞的出現"難以確定，但至少在 1902 年左右完成的康有為的《大同書》中已經頻繁使用該詞"。[33]

---

[31] 徐顯明：〈人權觀念在中國的百年歷程〉，載中國人權研究會主編：《中國人權年鑒 2000-2005 年》（北京：團結出版社，2007 年），頁 1251。關於柳亞子改名為柳人權，亦參見 Marina Svensson, *Debating Human Rights in China: A Conceptual and Political History* (Lanham: The Rowman & Littlefield Publishing Group, Inc., 2002), p. 98.

[32] 參見 Stephen C., Angle, and Marina Svensson, "Rights and Human Rights", *Contemporary Chinese Thought*, Vol. 31 No.1 (Fall 1999), p. 5.

[33] 馮江峰：《清末民初人權思想的肇始與嬗變：1840-1912》，頁 48。該研究並提及"民權"一詞首先出現於日文當中，是在 1868 年津田真道的《泰西國法論》，該文已在日文當中首次使用了"民權"。參見同注，頁 48。而"民權"一詞在漢語中的使用，有研究者就表示："'民權'一詞，未見於古代經籍。……從已有的材料看，郭嵩燾 (1818-1891) 是最早使用該詞的。郭在《使西日記》1878 年 5 月 19 日……的日記中寫道：'西洋政教以民為重，故一切取順民意，即諸君主之國，大政一出之議紳，民權常重於君。'"參見俞江：《近代中國的法律與學術》（北京：北京大學出版社，

清末民初時，表達與 "rights" 相關的詞彙除了 "權利" 外，還有 "權"。"權" 有多時與其它字詞連用，例如 "天賦人權"、"人權"、"世人自然之權"、"天然之權利"、"天賦之權利"、"自然之權／利"、"自然之權"、"自然權利" 等，都有被用作為 "natural rights" 的翻譯。[34]

　　有研究指出，"權利"（"quanli"）一詞作為 "rights" 的翻譯，第一次見於 1864 年，當時是美國傳教士丁韙良（W.A.P. Martin, 1827-1916）在翻譯亨利·惠頓（Henry Wheaton, 1785-1848）的 *Elements of International Law*（《萬國公法》）時便使用了。[35]

　　據研究指出，"權利" 一詞在《萬國公法》一書裏 "出現 81 次，其含義全都是法律性的，指合法的權力和利益"。[36] 而 "權" 字 "出現 760 多次，指有權做某事，還包含了 '自主'、'權利' 和 '權力' 多重意義，其主體多為國家"。[37] 無論如何，在整個 20 世紀，"權利" 已作為 "rights" 的標準翻譯，

2008 年），頁 35。

[34]　Marina Svensson, *Debating Human Rights in China*: *A Conceptual and Political History*, p. 79. 該書作者也提及 "人權" 有時是單獨使用，也有作為 "天賦人權" 的簡稱，或者兩者互為使用也有。亦可參見 Stephen C. Angle, and Marina Svensson, "Rights and Human Rights", p. 5.

[35]　參見 Marina Svensson, *Debating Human Rights in China*: *A Conceptual and Political History*, p. 78、趙明：〈近代中國對 "權利" 概念的接納〉，頁 70、金觀濤、劉青峰：《觀念史研究：中國現代重要政治術語的形成》，頁 108。

[36]　金觀濤、劉青峰：《觀念史研究：中國現代重要政治術語的形成》，頁 108。

[37]　同上注。

比“權”作為翻譯詞更為重要了。[38]

更細緻一點來說，

在《萬國公法》中，最常用來翻譯“rights”的詞滙是“權”。“natural rights”被譯為“自然之權”，“personal rights”被譯為“私權”，“rights of equality”被譯為“平行之權”，“property rights”被譯為“賬務之權”等等。不過，“權”並不總是對應於“rights”；在許多地方它被用來翻譯“authority”。……此外，它也構成了“自主之權”這個合成詞的組成部份，丁韙良以此來翻譯“independence”這個單詞。[39]

《萬國公法》是十九世紀中葉的國際法理論的著作。由此觀之，“權利”作為“rights”的翻譯，是通過國際法傳入中國，“表明權利的法律屬性是首先被意識到的”。[40] 這也證明漢語裏用“權利”譯“rights”，是“為了表達 rights 在法律含義中對國家或個人的權力和利益兩方面的界定”。[41] 亦可留意

---

[38] 參見（美）安靖如著，黃金榮、黃斌譯：《人權與中國思想：一種跨文化的探索》，頁 121。英文原著參見 Stephen C. Angle, *Human Rights & Chinese Thought: A Cross-Cultural Inquiry*, p.108.

[39] （美）安靖如著，黃金榮、黃斌譯：《人權與中國思想：一種跨文化的探索》，頁 120。英文原著見 Stephen C. Angle, *Human Rights & Chinese Thought: A Cross-Cultural Inquiry*, pp.107-108.

[40] 金觀濤、劉青峰：《觀念史研究：中國現代重要政治術語的形成》，頁 108。

[41] 同上注，頁 107。

的是，有研究指出“權利”對應“rights”此翻譯是開始於中國，跟着傳入日本，而不是由日本傳入中國。[42]

當時“權利”一詞，即使翻譯者丁韙良對如此翻譯也不全無困惑。他曾說：

> 公法既別為一科，則應有專用之字樣。故原文內偶有漢文所難達之意，因之用字往往似覺勉強。即如一‘權’字，書內不獨指有司所操之權，亦指凡人理所應得之份；有時增一‘利’字，如謂庶人本有之‘權利’云云。此等字句，初見多不入目，屢見方知不得已而用之也。[43]

---

[42] 參見 Marina Svensson, *Debating Human Rights in China: A Conceptual and Political History*, p. 78、金觀濤、劉青峰：《觀念史研究：中國現代重要政治術語的形成》，頁 107-108。

[43] 趙明：〈近代中國對“權利”概念的接納〉，頁70。正文所引述亦見（美）安靖如著，黃金榮、黃斌譯：《人權與中國思想：一種跨文化的探索》，頁123-124；英文原著參見 Stephen C. Angle, *Human Rights & Chinese Thought: A Cross-Cultural Inquiry*, p.110. 原出於丁韙良在 1878 年翻譯同樣是國際法的一本著作中所寫的批注。這距離丁韙良翻譯的《萬國公法》已有 14 年了。關於翻譯的困難，亦可參見 Stephen C. Angle, and Marina Svensson (eds.), *The Chinese Human Rights Reader: Documents and Commentary 1900-2000* (New York: M.E. Sharpe, Inc., 2001), pp. xiv-xv.

一個關於翻譯的困難的實例，是以英語命名位於香港西九龍文化區的“戲曲中心”。“戲曲中心”於 2019 年初正式開幕，曾考慮的英文譯名包括 “Xiqu Centre” 和 “Chinese Opera Centre”。有關的英文譯名引起持份者的高度關注和熱烈討論。最後採用了源自普通話譯音的“Xiqu Centre”，沒有採用“Chinese Opera Centre”，最主要的原因包括“西方歌劇與戲曲的表演藝術特點截然不同”、“‘Chinese Opera’ 是百年前的錯誤翻譯”、“不應只為擔心外國人不明白而妄自菲薄，矮化自己的文化”等等。反對者則認為“外國人看不明白 ‘Xiqu’ 的意思，阻礙推廣”、“‘Chinese Opera’ 已成為約定俗成下的常見用語”、“‘Xiqu Centre’ 譯名半中半英，有失專業用語水準”等等。參見鍾明恩：〈戲曲中心命名的論述：戲曲在香港的傳承〉，《文化研究季刊》，第 172 期（2020 年 12 月），頁 80-82、87。筆者認為，由於“戲曲”（當中至少包括“粵劇”、“京劇”、“黃梅戲”、“元曲”、“崑曲”等等，而表演方式又包含唱、唸、做、打等等）確實與“opera”（“歌劇”）非常不同，這正正顯示翻譯的意譯方法，並不確保另外，有研究亦指嚴復（1854-1921）在 1896 年翻譯《天演論》（*Evolution and Ethics*）時，曾用“權利”一詞表達英文中的 rights。而他亦感到這個翻譯有問題。[44] 主要的憂慮是：

......當時他就感到用‘權利’翻譯‘rights’是有問題的，或許用‘直’更為妥當。在英文詞源中，自九世紀起至今，‘right’的核心意義均為‘直’和‘尺度’，從中可引出正當的含義。而中文‘權利’這個詞，無論‘權’還是‘利’，均無正當這種價值判斷。1902 年嚴復明確地指出：用‘權利’來翻譯‘rights’，是以霸譯王；經過深思熟慮，他肯定地說：‘而以直字翻譯 rights 尤為鐵案不可動也’；主張將‘rights’譯為‘民直’或‘天直’。......嚴復在不同場合分別將‘rights’譯為‘民直’、‘天直’和‘權利’。[45]

從現在來看，嚴復對“rights”的翻譯為“民直”或“天直”，並沒有被廣泛接受，今天中國人仍以“權利”來翻譯“rights”。

句語或詞語在翻譯前後，其“意”獲得準確和全面傳遞；而為了避免翻譯後原意的缺失，採用音譯又確實令翻譯語的使用者難以明白，但卻保留了空間讓他們追索其涵義。講到底，這是翻譯者需要取捨的問題。有評論者則表示，“歌劇”(opera) 與“戲曲”的最大不同，是“歌劇”為“歌行先，劇行後”；“戲曲”為“戲為重，曲為後”。這樣就簡述了兩者的不同之處。參見陳雋騫：〈戲曲中心・歌劇院〉，《星島日報》，2024 年 1 月 17 日，頁 D4。
[44] 參見金觀濤、劉青峰：《觀念史研究：中國現代重要政治術語的形成》，頁 99。
[45] 同上注。

3. "權利"觀念在清末民初時在中國的轉化

在清末民初"權利"和"人權"觀念進入中國時，有很多不同的思想家都作出過努力。此論文無法覆蓋所有，但焦點會放在當"權利"和"人權"觀念進入中國，它進行了什麼轉化，以此視角去理解它和西方觀念的異同，並從中探究其對現代中國私隱權的啟示。

3.1 從"天賦人權"論帶來自由人權的思路

據研究表示，嚴復在中國歷史上第一次提出了自由人權的思路，"其思想來源是盧梭的天賦人權論"。[46] 嚴復認為：

> 唯天生民，各具賦畀，得自由者乃為全受，故人人各得自由，國國各得自由，第務令毋相侵損而已。侵人自由者，斯為逆天理，賊人道，其殺人傷人及盜蝕人財物，皆侵人自由之極致也。故侵人自由，雖國君不能，而其刑禁章條，要皆為此設耳。[47]

以上明確表示了人人都具備自由，而這種自由是天賦予的，而人人有自由，國家才有自由，人基

---

[46] 馮江峰：《清末民初人權思想的肇始與嬗變：1840-1912》，頁48。

[47] 同上註。轉引自嚴復：〈論世變之亟〉，載王栻主編：《嚴復集》（北京：中華書局，1986年），第一冊，頁3。〈論世變之亟〉發表於1895年2月。參見嚴復著，王栻主編：《嚴復集》，第一冊，頁1。

本上被放在本位去看待了。而人人有自由被看成為"天理"，因為侵人自由就是"逆天理"，就是"賊"，即使是"國君"也不能侵人自由。在中國人的語境中，"自由"被賦予了道德的正當性，也繞過了"普天之下，莫非王土；率土之濱，莫非王臣"（原注：《詩經·小雅·北山》）的中國傳統觀念和差等秩序。

　　這在今天看來是平平無奇、自然不過的道理，但把這種思路套入當時的傳統思想，它其實是相當創新的，因為它悖離了傳統以綱常為社會倫理、政治秩序的格局，人人都一樣從天得到自由這東西，那麼人人都是在自由方面是平等的。而"天"在中國人的傳統裏，有不言而喻的道德性和正當性。透過了"天"，人人、國國有其各得的自由便順理成章了。這其實是借用了西方人權思想資源，透過中國人傳統對"天"的崇敬和其地位，轉化到中國人的傳統思想中，儼然賦予了西方人權思想中國人的道德性和正當性；在中國的傳統中既翻了舊有的土壤，又播下了新的種子。

3.2　從傳統思想資源合理化和正當化西方人權思想

　　另有研究指出中國人中最早表示接受"天賦人權"思想的應是留學英國而後居於香港任律師的何

啟 (1859-1914) 和胡禮垣 (1847-1916)。[48] 他們的《勸學篇書後》是針對張之洞 (1837-1909) 的《勸學篇》而寫,"是中國歷史上首次人權問題的大辯論"。[49] 簡括而言,《勸學篇》"一方面強調國家自主之權,但另一方面堅決反對人人有自主之權",[50] 張之洞"從三綱五常,也即儒家意識形態的社會組織藍圖出發,認為人人有自主之權會導致社會組織解體、國權喪失"。[51]

何啟和胡禮垣在其著作《新政真詮・勸學篇書後・正權篇辯》中有以下的觀點:

> 夫權者,非兵威之謂也,非官勢之謂也。權者謂所執以行天下之大經大法,所持以定天下之至正至中耳。執持者必有其物,無以名之,名之曰權而已。

> ......權者乃天之所為,非人之所立也。天既賦人以性命,則必畀以顧性命之權;天既備人以百物,則必與以保其身家之權......討曰天討,伐曰天伐,秩曰天秩,位曰天位,一切之權皆本於天,然天不自為也,以其權付之於民,而天視自民視,天聽自民聽,天聰自民聰,

---

[48] 徐顯明:〈人權觀念在中國的百年歷程〉,頁 1249。
[49] 金觀濤、劉青峰:《觀念史研究:中國現代重要政治術語的形成》,頁 116。
[50] 同上注。
[51] 同上注,頁 117。

天明自民明。加之民之所欲，天必從之。是天
下之權，惟民是主，然民亦不自為也；選立
君上以行其權……此泰西富強之本，亦莫不由
此……。[52]

何啟和胡禮垣的論述賦予了“權”正當性，因為
“權”乃“大經大法”、“至正至中”，是用來“行天下”、
“定天下”；行使“權”以使天下順行安定。“天”在
中國人的社會有悠來已久不被質疑的義理性和正當
性。“權”這東西與“天”這樣聯繫起來，“權”的正
當性自然與“天”一致了。

---

[52] 何啟、胡禮垣：〈新政真詮·勸學篇書後·正權篇辯〉，載陳明光、
侯真平主編：《中國稀見史料（第二輯）·廈門大學圖書館藏稀見史料（一）》
（廈門：廈門大學出版社，2010 年），頁 189-190。
關於何啟和胡禮垣的背景和關係，簡述如下：“何啟與胡禮垣……合作完成了
《勸學篇書後》一文（隨後作為《新政真詮》的一部份），於 1901 年出版。
在 1882 年回到香港之前，何啟曾經在英國留學十年，並獲得了醫學和法
學學位。在 19 世紀 90 年代晚期，他拒絕了清廷所發出的讓其擔任外交官
的邀請，並成了香港殖民政府的一名公務員……胡禮垣只在香港接受教育。
從 1887 年他將何啟的一篇英文文章譯成中文開始，胡禮垣和何啟一起提出
了一系列改革主張。何啟一般用英文寫作，然後由胡禮垣譯成中文。”參見
（美）安靖如著，黃金榮、黃斌譯：《人權與中國思想：一種跨文化的探索》，
頁 152。英文原著參見 Stephen C. Angle, *Human Rights & Chinese Thought*:
A Cross-Cultural Inquiry, p.136-137. 應當說明，有關何啟為“公務員”之
說，在英文原著頁 137 的有關句語是“He [筆者按：即何啟] had an active
career in Hong Kong as a public servant, ...”。“public servant”譯作“公職人
員”或“公務人員”，比“公務員”可能較接近原意。“公務員”在今天一般被
理解為政府的僱員，但“公職人員”或“公務人員”不一定是“公務員”。而
根據其它研究者所述何啟的生平，何啟有從事公職（或公務），但看來並不
是我們今天所理解的“公務員”。例如何啟於 1882 年回到香港，不久即被“任
命為最高法院的法官……1886 年何啟又被任命為公眾衛生委員會的委員。
他擔任這個職務有十年之久。……[1887 年]10 月 1 日又成立香港西醫學院。
（筆者按：即孫中山在香港所肄業的學院。）……1890 年，他又被任命為香
港立法局的非官守議員，一直到他死的 1914 年為止都擔任此職務。”參見
許政雄：《清末民權思想的發展與歧異 — 以何啟、胡禮垣為例》（台北：
文史哲出版社，1992 年），頁 4-5。

何啟和胡禮垣在這裏不但借用了“天”作為人的“權”和“性命”的來源（這又繞過了中國人傳統社會綱常和政治秩序的差等格局），他們還把“天”賦予的“權”和“性命”，利用了《尚書‧泰誓》中的“民之所欲，天必從之”，“天視自我民視，天聽自我民聽”的觀點，[53] 把實現這個“權”和“性命”的力量，都一併“付之於民”，“惟民是主”。

而他們再進一步說“民亦不自為也”，“民”是透過行使其權而選立“君上”。這就把西方以選舉方式獲得政治領袖，透過“天”，又透過“托古”於《尚書‧泰誓》，轉化到中國人的傳統思想中。不但把傳統的“皇帝高高在上，黎民百姓在下”的秩序和格局顛倒，亦同時合理化和正當化人要有權和權力去選政治領袖。

何啟和胡禮垣就這樣把“天 — 權／性命 — 民 — 君”的關係條理化和合理化起來，這和日後的共和思維是一脈相聯的。何啟和胡禮垣把“權”放在“民”（而沒有或不是只放在“人”）來論述，巧妙地把西方的人權思想轉化到中國人的傳統思想，客觀效果是既與西方的“人權”觀念有不同，但這個不同在中國人看來又像不着痕跡，卻又很合理和正當。何啟和胡禮垣把抽象的“權”的觀念，放在和

---

[53] 引述自邱豐饒：〈論《周書‧康誥》“德之說”涵義〉，《長庚人文社會學報》，第 6 卷 2 期（2013 年 10 月），頁 315。

"性命"同一等位，就巧妙地把抽象的"權"的觀念和世俗的"性命"連結在一起，這也自自然然地令到"權"這個觀念有了載體，也有了它的動力源頭。

何啟和胡禮垣亦說：

> 各行其是，是謂自主。自主之權，賦之於天，君相無所加，編氓亦無所損；庸愚非不足，聖智亦非有餘。人若非作惡犯科，則此權必無可奪之理。[54]

以上已表述何啟和胡禮垣認為人有自主之權，其權由天所賦予，不論人的身份地位高低，或能力之不同而異。雖然他們沒有用到"人權"一詞，但他們的表述是一種很接近西方人權觀中人的平等觀念，雖然仍然不一定所有人皆享有此權（例如作奸犯科者便沒有），不過這仍不關鍵影響他們所講的自主之權的普遍性。

不過，何啟和胡禮垣有關"權"的觀念，並不着重人有其個性伸展自由的道德正當性，或個人免受公共權力不當侵擾的自由，故此和西方人權觀念仍有很重要的分別。他們說：

---

[54] 何啟、胡禮垣：〈新政真詮·勸學篇書後·正權篇辯〉，頁 221。

人人有權，其國必興；人人無權，其國必廢；

中國之所以不能雄強，華民之所以無業可安......皆惟中國之民失其權之故。[55]

對何啟和胡禮垣來說，個人的"權"並不是目的，而是手段以達致中國"雄強"和華民"有業可安"。這對強調個人作為價值的西方人權觀，是在引入中國之時轉化了。

在整篇《新政真詮·勸學篇書後·正權篇辯》中，"權"一字出現了很多次，有時是單字使用，有時與其它字連用而成一詞（例如"自主之權"），但"人權"、"天賦人權"和"權利"這些詞都沒有用過，反而"民權"一詞用得最多，出現了66次，[56] 可見"民權"對何啟和胡禮垣的重要。

"民權"是什麼？何啟和胡禮垣說："民權之復，首在設議院、立議員"，[57] "民權一復，則官權必明；民權愈增，則官權愈眾"，[58] "民權愈盛，則其國愈強；民權稍衰，則其國亦削，此則近世之實在情

[55] 同上注，頁202、211。
[56] 這是筆者經點算的數字。
[57] 何啟、胡禮垣：〈新政真詮·勸學篇書後·正權篇辯〉，頁191。
[58] 同上注，頁198。

形也"。[59] 所以西方的"權利"概念在傳入中國時，很早就以"民權"面貌顯現，它不是強調個人作為價值的人權觀，而是強調一種聚合民眾的賦權，使官權以至於國力興盛。所以在那時候，與"權利"掛鈎的終歸是國家，不是個人；這與西方強調以個人作為價值追求的人權觀，非常之不同。有研究者便指出，"......rights［這］一概念傳入中國之始就不單純是屬於個人的，而是與群體目標糾結為一。這樣一來也使傳統公私的範疇牽引入此一新的論域。"[60] 這就相當影響"人權"、"權利"在那個時代於中國的論述了。

3.3 "人權"作為手段而不是價值合理性

清末民初時期，康有為是其中一個重要的思想家。康有為在 1891 年完成的《實理公法全書》，就有"人各具一魂"、"人有自主之權"等語。[61] 這些都顯示人各有其自己的靈魂，有其自己自主的權利。

---

[59] 同上注，頁 203。

[60] 黃克武：〈從追求正道到認同國族：明末至清末中國公私觀念的重整〉，《國學論衡》，2004 年 11 月（2004 年 00 期），頁 399。

[61] 徐顯明：〈人權觀念在中國的百年歷程〉，頁 1249。
關於《實理公法全書》的簡介如下："......它反映了康有為對於西方數學的理解。該書每節都以一個或多個'實理'開始，這是後面要作為公理予以遵循的普遍真理。基於這些實理，他接着派生了許多'公法'，每種'公法'與許多不遵循公理的'比例'形成了對照。由於當時中國的實踐不可避免地屬於不合公理的'比例'類型，這就使得康有為的論述帶有完全批判中國的習慣、價值和制度的味道。全文的核心是'自主之權'。......"參見（美）安靖如著，黃金榮、黃斌譯：《人權與中國思想：一種跨文化的探索》，頁 147。英文原著參見 Stephen C. Angle, *Human Rights & Chinese Thought: A Cross-Cultural Inquiry*, p.132.

1902 年，在康有為的《大同書》，最明顯有論及人權的為以下：

> 欲去家乎，但使大明天賦人權之義，男女平等皆獨立。……故全世界人，欲去家界之累乎，在明男女平等，各有獨立之權始矣，此天予人之權也。全世界人，欲去私產之害乎，在明男女平等，各自獨立始矣，此天予人之權也。全世界人，欲去國之爭乎，在明男女平等，各自獨立始矣，此天予人之權也。全世界人，欲去種界之爭乎，在明男女平等，各自獨立始矣，此天予人之權也。全世界人，欲至大同之世，太平之境乎，在明男女平等，各自獨立始矣，此天予人之權也。……[62]

但康有為這個"天賦人權觀"，本質上和西方人權觀念作為一種具備道德的正當性，一種個人有免受公共權力不當侵擾的自由，是大不同的。而最大的不同，是康有為所論述的"天賦人權論"，是以"人權"作為手段，目的是例如"去私產之害"、"去國之爭"以至於達到"大同之世"。他較為與西方人權觀念接近是在男女皆平等，並有自主之權（即"獨立"）方面。這是轉化了西方人權觀念，使它適用於當其時的情況。康有為這個"天賦人權觀"，產生了

---

[62] 康有為：《大同書》（北京：朝華出版社，2017 年），頁 380-382。

"推"的作用；而與此同時，也可以看到"天賦人權"論被用作批判儒家三綱五常的倫理，產生了"拉"的作用。

講到底，康有為所講的獨立是"'各有自立自主自由之人權'。獨立的核心便是自由。自由在他看來是實現大同理想的基礎"。[63]

可以看到，無論是何啟和胡禮垣在《新政真詮‧勸學篇書後‧正權篇辯》，或康有為在《大同書》，他們雖然一方面大力提倡人有"自主之權"、"天賦人權"，但他們的終極目的並不是我們今天所理解西方人權觀中人權具有道德的正當性，或人有免受公共權力不當侵擾的自由而由此得到法律上的保障。他們不約而同都是以救國、救民作為終極目的，即使是反對人人有自主之權的張之洞也是為了救國、救民。他們全都是為了解決時代的問題而提出他們的主張，這是他們的共通點，是他們思想的起點，也是終點。正如有研究指：

在內無人權，外無主權的環境下，他們［筆者按：泛指當時的思想家］出於強烈的愛國情懷和社會責任感，傳播與研究人權，探求國家出路。就此而言，民國人權研究也充當了

---

[63] 杜鋼建：《中國近百年人權思想》（香港：中文大學出版社，2004年），頁31。

民族復興的工具，與"中體西用"並無二致。[64]

這和西方在文藝復興時代和啟蒙時代以提倡人道思想、人權主義，以應對教會、神權、封建貴族壓迫，始終不一樣。因為"人權理論及制度對西方來講，它不僅是一種工具理性，而且具有價值合理性。"[65]

但值得一提的是，康有為等人在引入"自主之權"、"天賦人權"、"權利"的觀念時，也有把這些觀念帶進中國人的語境，試圖令"權利"得到中國傳統文化的正當性意義。康有為就提到：

人類平等，人類大同，此固公理也。[66]

平等是西方人權觀念的基石之一。[67] "大同"出自《禮記·禮運》，是中國傳統思想想像中的烏托邦式社會。把"平等"與"大同"等量齊觀，都視之為公理，便把"自主之權"、"天賦人權"等的觀念放在中國人的理想社會的地位；而且都把它們與實實在在的"人類"直接掛上鈎，而不是相對虛泛

---

[64] 劉志強：〈民國人權研究狀況的考察〉，《法律科學（西北政法大學學報）》，2015 年第 5 期（2015 年 9 月），頁 54。

[65] 同上注。

[66] 康有為：《大同書》，頁 179。

[67] 關於民主、平等、自由以至於個人和理性的相互關係，參見梁漱冥：〈第十二章 人類文化之早熟〉，載梁漱冥：《中國文化要義》，頁 251-252。

的整體如"天下"，令到"人"作為個體的地位也相應提高。這也是西方"人權"觀念對中國的傳統思想轉化，雖則"人權"觀念在那時候的中國還是具備很大的工具性。

3.4 再三強化西方人權思想的合理性

梁啟超是清末民初另一位重要的思想家。《新民說》是其重要著作。[68]

梁啟超就曾說：

> 自由者，天下之公理，人生之要具，無往而不適用也。[69]

> 天生人而賦之以權利，且賦之以擴充此權利之智識，保護此權利之能力，故聽民之自由焉，自治焉，則群治必蒸蒸日上；有桎梏之戕賊之者，始焉窒其生機，繼焉失其本性，而人道乃幾乎息矣。[70]

---

[68] "《新民說》寫於 1902 年到 1906 年，首先以單篇論文的形式發表於《新民叢報》，後來將二十篇論文匯編成冊，取名為《新民說》"。參見梁啓超著，張岱年主編：《新民說》(瀋陽：遼寧人民出版社，1994 年)，頁 5。當中〈論權利思想〉一篇發表於 1902 年，參見 (美) 安靖如著，黃金榮、黃斌譯：《人權與中國思想：一種跨文化的探索》，頁 157。英文原著參見 Stephen C. Angle, *Human Rights & Chinese Thought: A Cross-Cultural Inquiry*, p.141.

[69] 梁啓超：〈論自由〉，載梁啓超著，張岱年主編：《新民說》，頁 55。

[70] 梁啓超：〈論進步〉，載梁啓超著，張岱年主編：《新民說》，頁 79。

在此，梁啟超採取"天賦權利"的看法，而這"權利"是人人皆有，是本有，但亦要後天努力，才可以保護它，令"群治"越來越好；因為縱然有"智識"、有"能力"，也要實作，也要努力，"權利"才能擴充，"群治"才得以提升。反之，如果"群治"失效，便是因為有窒礙，有窒礙便會喪失"權利"的本性。這種"權利"有其本然、與生俱來的性質，但又要後天努力的論述，隱隱然與孟子的"四端說"的"擴而充之"在邏輯進路上異曲同工，[71] 這樣亦巧妙地把"權利"隱隱然賦有儒家倫理的道德正當性。

而梁啟超亦表達了人人有權利思想是國家的"根"，這在〈論權利思想〉是很清晰的：

> ......國家譬猶樹也，權利思想譬猶根也。......為政治家者，以勿摧壓權利思想為第一義；為教育家者，以養成權利思想為第一義；為一私人者無論士焉農焉工焉商焉男焉女焉，各以自堅持權利思想為第一義。......[72]

---

[71] "四端說"指人有惻隱之心、羞惡之心、辭讓之心和是非之心。孟子說："......人之有此四端也，猶其有四體也......凡有四端於我者，知皆擴而充之......苟能充之，足以保四海，苟不充之，不足以事父母。"（原註：《孟子‧公孫丑（上）》）引述自勞思光：《新編中國哲學史》（台北：三民書局，1984年），頁163。
[72] 梁啟超：〈論權利思想〉，載梁啟超著，張岱年主編：《新民說》，頁54-55。

不過，雖然是"根"，終究亦是為了國家富強，擺脫國勢疲弱，要與其它國家平等：

> 欲使吾國之國權與他國之國權平等，必先使吾國中人人固有之權皆平等，必先使吾國民在我國所享之權利與他國民在彼國所享之權利相平等。若是者國庶有瘳！若是者國庶有瘳！[73]

所以西方的人權觀念，在引入中國時仍如上文提及般，帶有工具性，終極目的沒有脫離當其時的時代問題，就是在列強侵略下，如何救國、救民。

而梁啟超在《新民說》認為"權利"可以救國、救民族。權利又從可來？梁啟超認為：

> 權利何自生？曰生於強。彼獅虎之對於群獸也，酋長國王之對百姓也，貴族之對平民也，男子之對女子也，大群之對於小群也，雄國之對於屌國也，皆常佔優等絕對之權利，非獅虎、酋長等暴惡也。人人欲伸張己之權利而無所厭，天性然也。是故權利之為物，必有甲焉先放棄之，然後有乙焉能侵之。人人務自強，以自保吾權，此實固其群、善其群之不二法門也。……德儒伊耶陵（Jhering）［筆

[73] 同上注，頁 55。"瘳，疾癒也。"（原注：《說文解字》）［香港中文大學人民電算研究中心：〈漢語多功能字庫〉。取自 humanum.arts.cuhk. edu.hk/Lexis/lexi-mf/search.php?word=%E7%98%B3，26-5-2023 擷取。］

者按:即 Rudolf von Jhering, 1818-1892] 所著……云:"權利之目的在平和,而達此目的之方法則不離戰鬥。有相侵者則必相拒,侵者無已時,故拒者亦無盡期。質而言之,則權利之生涯,競爭而已"。又曰:"權利者不斷之,勤勞也。勤勞一弛,而權利即歸於滅亡"。若是乎權利之為物,其所以得之與所以保之者,如此其不易也。[74]

　　在這裏,可以看到生物進化論中的"物競天擇,適者生存"理論,提供了一個強而有力的社會演化喻意,為思想家帶來了一個與傳統中國完全不同的世界觀 ——"清朝的對外觀念假設了天子之下有一個等級的世界秩序,而中華帝國的皇帝,也就是天子,並非是在眾多國家之其中之一個的統治者,而是宇宙間獨一無二,代表着最高文明的天地間的調解者"。[75] "權利" 這一組合詞,透過 "權" 在中國人的語境中含有 "權力"、"權勢" 的意思,以及 "利" 含有 "利益"、"財貨" 的意思,似乎正刻劃出在清末民初當下的的實際生活經驗:中國為列強侵略、差不多要被瓜分和沒有自主之權的情況。社會進化論是一個重要的轉化劑,令西方的 "權利" 觀念能釀入中國

[74] 梁啓超:〈論權利思想〉,載梁啓超著,張岱年主編:《新民說》,頁 43-44。伊耶陵是德國的國家主義者,"國家主義"是政治學學說。國家主義者提倡政府中央集權,包括經濟政策和社會政策。
[75] 筆者自譯。原文為 "China's 'traditional' international relations - somewhat more precisely, Qing diplomatic theory - assumed a world hierarchically ordered under the Son of Heaven, Emperor of the Middle Kingdom. The Emperor, 'far from being the ruler of one state among many, was the mediator between heaven and earth ... the apex of civilization, unique in the universe'." [Jack Donnelly, "Human Rights: A New Standard of Civilization?", *International Affairs*, Vol. 74 Issue 1 (January 1998), p. 2.]

人面對的現實、其語境中和思想裏。[76]

3.5　從社會矛盾看"天賦人權"

　　鄒容（1885-1905）在他的《革命軍》強調，平等、自由乃人人生來有之。他說："人人當知平等自由之大義。有生之初，無人不自由，即無人不平等，初無所謂君也，所謂臣也。"[77]

　　即使是堯、舜、禹之賢君，鄒容認為他們也只不過是盡他們的義務，為同胞"開利益"，所以同胞視之為團體的代表，但大家是平等自由的："若堯舜，若禹稷，其能盡義務於同胞，開莫大之利益，以孝敬於同胞，故吾同胞視之為代表，尊之為君，實不過一團體之頭領耳。而平等自由也自若。"[78] 只是後世的人不知此意，致令天下"以為一家一姓之私產，而自尊曰君，曰皇帝，使天下之人無一平等，

---

[76] 這裏並非表示梁啟超是第一個套用生物進化觀於國際或社會關係中。嚴復"翻譯了 John Stuart Mill 的 *On Liberty*、Herbert Spencer 的 *Study of Sociology* 以及由 Thomas Huxley 以社會達爾文論寫的 *Evolution and Ethics*。嚴復基於他對 Spencer 及 Huxley 的詮釋，把'適者生存'原則從原本的場境昇華，把它放在國際關係的層面。"參見 Robert Weatherley, *Making China Strong: The Role of Nationalism in Chinese Thinking on Democracy and Human Rights* (London: Palgrave Macmillan, 2014), p. 36. 嚴復的《天演論》正式出版於 1898 年 [參見嚴復著，王栻主編：《嚴復集》（北京：中華書局，1986 年），第五冊，頁 1317。]，比梁啟超 1902 年的〈論權利思想〉早約四年。而梁啟超的論述把進化論更由國與國的層面推展至一國之內不同階層的層面。

[77] 鄒容：〈革命軍〉，《建國（廣州）》，1928 年 21/22 期（1928 年 10 月），頁 49-50。〈革命軍〉全文，亦參見張枬、王忍之編：《辛亥革命前十年間時論選集》（香港：三聯書店，1962 年），第一卷，下冊，頁 649-677。

[78] 鄒容：〈革命軍〉，《建國（廣州）》，頁 50。

無一自由，甚至使成吉斯汗、覺羅福臨等，以遊牧賤族，入主我中國，以羞我始祖黃帝於九原。"[79]

鄒容呼籲同胞起來革命，就是為了"復我天賦之人權"：

> 故我同胞今日之革命，當共逐君臨我之異種，殺盡專制我之君主，以復我天賦之人權，以立於性天智日之下，以與我同胞熙熙攘攘，游幸於平等自由城廓之中。[80]

鄒容繼而提及"凡為國人，男女一律平等，無上下貴賤之分"；"生命，自由，及一切利益之事，皆屬天賦之權利"；"無論何時，政府所為，有干犯人民權利之事，人民即可革命，推倒舊日之政府，而求遂其安全，康樂之心。迨其既得安全康樂之後，經承公議，整頓權利，更立新政府，亦為人民應有之權利"。[81]

鄒容在這裏把"天賦人權"觀套在中國的上古歷史，把它和堯舜禹為人嚮往的遠古時代掛鈎，又是一種"托古"，差不多便是把西方的人權觀念和中國的歷史源頭並列，令它在中國有了一個"根"和

---

[79] 同上注。
[80] 同上注。
[81] 同上注，頁 56。這個"即可革命論"，和之前提及的法國的《人權和公民權宣言》中的反抗壓迫的權利，如出一轍。

正當性，讓人感到自然，讓人找到歷史，也讓人對以"天賦人權"為由而創造歷史 — 即起來革命 — 來得順理成章，也是順應天時。這是一個很重要的把西方人權觀念在地化和正當化，是很重要的轉化。

而且，鄒容把革命歸結到爭回人與生俱來的平等和自由的權利，歸結到反對帝王專制制度的家天下、私天下，便把滿、漢的矛盾昇華至超越了民族界限，是一個更嚴重、更廣泛和更普遍性的問題，就是一個人作為人，相對於專制制度的問題。這又大大增加了革命的根據和正當性了。在這裏，又看到"天賦人權"為革命的實際需要而掛上了鈎。在《革命軍》中，鄒容屢屢把生活上滿、漢的矛盾突顯，令"天賦人權"找到它的落腳點（《革命軍》中所反映的滿、漢矛盾的例子見延伸閱讀（三）），不但合理化了革命，也儼如把解決社會的矛盾放在爭回"天賦人權"；透過革命爭取"天賦人權"不是純粹為了恢復人權，而是實實在在地改變眼前的生活的方向。這對於西方的人權觀念，是把它原有的價值合理性，轉化為社會現實矛盾的度量衡。

延伸閱讀（三）：《革命軍》所反映的滿、漢矛盾的例子

鄒容的〈革命軍〉全文，參見《建國（廣州）》，1928 年 21/22 期 (1928 年 10 月)，頁 37-57；亦參見張枬、王忍之編：《辛亥革命前十年間時論選集》（香港：三聯書店，1962 年)，第一卷，下冊，頁 649-677。

鄒容所舉的例子，包括滿人佔人口少，但他們於朝廷中擔任有高官厚祿不成比例；又包括朝廷揮霍無度等等，全都是一些一講便很容易明白的生活事例：

（一）"滿州人之在中國，不過十八行省中之一最小部份，而其官於朝野者，則以一最小部份，敵十八省而有餘。......如內閣衙門，則滿學士六，漢學士四，滿蒙侍讀書士六，漢軍漢侍讀學士二，滿侍讀十二，漢侍讀二，滿蒙中書九十四，漢中書三十。......"（鄒容：〈革命軍〉，《建國（廣州）》，頁 40。)

（二）"滿人中有建立功名者，取王公如拾芥，而漢人則......位不過封侯而止......所謂八旗子弟，宗室人員......甫經成人，即有自然之祿俸，不必別營生計，以贍其身家；不必讀書嚮道，以充其識力；由少爺而老爺，而大老爺，而大人，而中堂，紅頂花翎，貫搖頭上，尚書侍郎，殆若天職，反漢人而觀之，夫亦可思矣。"同上注，頁 41。

（三）"乾隆之圓明園已化灰燼，不可憑藉，如近日之崇樓傑閣，巍巍高大之頤和園，問其一瓦一礫，何莫

非刻括吾漢人之膏脂，以供一賣淫婦那拉氏之笑傲！
夫暴秦無道，作阿房宮，天下後世尚稱其不仁，於圓
明園何如？於頤和園何如？......開學堂則曰無錢矣，
派學生則曰無錢矣，有絲毫利益於漢人之事，莫不曰
無錢矣，無錢矣。乃無端而謁陵修陵則有錢若干，無
端而修宮園則有錢若干，無端而作萬壽，則有錢若
干，同胞乎！蓋思之？"同上注，頁44。

3.6　人權中的平等觀念帶來了政治權利

在近代中國有關人權的思想，孫中山是不能不
提的。

孫中山在 1896 年廣州革命後出走日本，繼
續其革命事業。孫中山在 1903 年離日赴美宣傳革
命，便"曾將《革命軍》印寄各處，以廣宣傳"。[82]
亦有說於此行中，孫中山"隨身攜帶鄒容《革命軍》
的翻印本一萬多份，在美國廣為散發"。[83] 研究亦
指"孫中山在宣傳革命時多次引用《革命軍》，將
該書作為自己宣傳革命思想的主要輿論工具"。[84]
可見鄒容的《革命軍》的影響力很大，而它的流傳
亦甚廣。[85]

[82] 莊澤晞：〈從約法到訓政：孫中山的民權理想及其實踐走向〉，《近代中國》，第 36 輯（2022 年 6 月），頁 25。
[83] 張肇廷：〈孫中山對人權來源問題的認識轉變—從天賦的人權到爭來的民權〉，《文化學刊》，2018 年 11 期（2018 年 11 月），頁 69。
[84] 同上注。
[85] 鄒容因著《革命軍》而下獄。《革命軍》當時流傳甚廣："......《革命軍》風行海內外，銷售逾百十萬冊，佔清季革命群書銷場第一位。各地書肆以

孫中山在 1905 年 8 月在日本建立中國同盟會。[86] 孫中山提出"驅除韃虜，恢復中華，建立民國，平均地權"的革命政治綱領，發表"民族主義"、"民權主義"、"民生主義"的三民主義學。[87]

到了 1906 年秋冬之季，孫中山等制定《中國同盟會革命方略》。[88]《中國同盟會革命方略》中提及，"今者由平民革命，以建國民政府，凡為國民皆平等以有參政權。大總統由國民公舉。議會以國民公舉之議員構成之。制定中華民國憲法，人人共守。敢有帝政自為者，天下共擊之！"[89] 亦提及"四萬萬人一切平等，國民之權利義務，無有貴賤之差，貧富之別，輕重厚薄，無稍不均，是為國

避關郵檢查故，多易名販運，或稱《革命先鋒》，或稱《圖存篇》，或稱《救世真言》，或於章太炎(1869-1936)《駁康有為政見書》並列，而簡稱曰《章鄒合刻》。此書文辭……徒以通俗淺顯，適合當時社會需要，……其言為驅胡建國之本，功不在孫、黃、章諸公下也。"[馮自由 (1882-1958)：《馮自由回憶錄：革命逸史》(北京：東方出版社，2011 年)，上冊，頁 195-196。] 筆者相信"孫、黃、章"三人分別是指孫中山、黃興 (1874-1916)和章太炎。
[86] 參見李維武：〈1903-1906 年：中國革命觀念的古今之變—以鄒容、秦力山、孫中山、朱執信四篇著述為中心〉，《貴州社會科學》，總 265 期 (2012 年 1 月)，頁 109。
[87] 參見吳忠希：《中國人權思想史略：文化傳統和當代實踐》，頁 125。[註：孫中山在 1894 年秋在創立興中會時便提出了"驅除韃虜，恢復中國，創立合眾政府"的綱領。在 1903 年，孫中山在東京軍事訓練班誓詞中進一步提出"驅除韃虜，恢復中華，創立民國，平均地權"的主張；後來在1905 年創立中國同盟會時，又將這一主張作為同盟會的宗旨。參見李維武：〈1903-1906 年：中國革命觀念的古今之變—以鄒容、秦力山、孫中山、朱執信四篇著述為中心〉，頁 110。]
[88] 參見李維武：〈1903-1906 年：中國革命觀念的古今之變—以鄒容、秦力山、孫中山、朱執信四篇著述為中心〉，頁 109。
[89] 孫中山著，秦孝儀主編：《國父全集》(台北：近代中國出版社，1989 年)，第一冊，頁 234。

民平等之制"。[90]

　　以上可見"天賦人權"的其中一個重要顯示，是國民有平等的權利，包括參選權，能參與產生統治領袖和議會議員；兼且所有人，包括持有公共權力的統治領袖、議會議員和國民，都要共同遵守和捍衛國家憲法，人人平等，無分上下。可以見到這乃借用了西方的一些政治體制模式，透過人權觀念（涵蓋人人平等，及政治權利）來鈎劃出未來國體的圖像，亦是轉化了人權觀念作為革命的橋樑。[91]

3.7　思想能在生活中反映嗎？生活能夠反映思想嗎？

　　以上提及的思想家和知識份子的人權思想，都無可避免地以救國、救民為目的，希望找到解決國家和民族危機的視角出發。那麼在平民大眾的生活，"人權"思想有沒有"降一格"在生活中找到它的存在？[92] 又或者這樣說，生活有沒有令人連繫

---

[90]　同上注，頁 254。

[91]　有關革命的緣由，孫中山有提及是為了天賦人權："吾人鑒於天賦人權之萬難放棄，神聖義務之不容不盡，是用訴之武力，冀脫吾人及世世子孫萬重羈軛。"[孫中山：〈臨時大總統宣告各友邦書〉，載孫中山著，秦孝儀主編：《國父全集》，第二冊，頁 26。這篇的時間為 1912 年 1 月 5 日，見同注。] 孫中山在 1910 年 2 月在舊金山（別名三藩市）的一篇演說中，亦提及"革命者乃神聖之事業，天賦之人權，而最美之名辭也。"[孫中山：〈革命是神聖事業天賦人權〉，載孫中山著，孫中山研究學會、孟慶鵬編：《孫中山文集》，上冊，頁 31。]

[92]　"降一格"的方法去看思想，參見王汎森：〈思想是生活的一種方式—兼論思想史層次〉，載王汎森著：《思想是生活的一種方式：中國近代思想史的再思考》（台北：聯經出版事業股份有限公司，2017 年），頁 19-52。

到人權思想？

清末民初的生活，有幾方面和人權的關係是明顯的，亦為思想家和知識份子所留意到。例如，有研究者便指出，女孩纏足便被視為"削人權"、"人權喪矣"：光緒二十四年（1898）湖南按察史黃遵憲（1848-1905）公佈《勸喻幼女不纏足示》便說明了為什麼要這樣勸喻：

一曰：削人權。夫譏不親迎，春秋平等之微言；妻之言齊，禮經應有之義例。而乃曲坿抑陰扶陽之說，祇為冶容好色之求。以充服役，則視之如犬馬；以供市玩好，則飾之如花鳥。既不學以愚其心，更殘刑以斷其性。遂使遇強暴則膝行而前，嗟實命則抱足而泣，鎖閉在室，呼籲無門，戰戰在心，拳拳縮足。人權喪矣，何義之有？[93]

---

[93] 王爾敏：〈中國近代之人權醒覺〉，《中國文化研究所學報》，第23期（1983年），頁71-72。引述轉自《湘報類纂》，戊集，卷下（1911年），頁3-5。

《勸喻幼女不纏足示》全文，除可參見上述的《湘報類纂》，王爾敏：〈近代湖南女權思潮先驅〉，載王爾敏著：《中國近代思想史論續集》（北京：社會科學文獻出版社，2005年），頁408-410，亦提供全文。該研究指，"就近代而言，直接提出'人權'二字而聲言維護者，這當是最早的文獻，時在光緒二十三年（1897）。"見同注，頁408。

應注意的是，王爾敏在〈中國近代之人權醒覺〉，頁71，提及《勸喻幼女不纏足示》於光緒二十四年（1898）公佈，和他在〈近代湖南女權思潮先驅〉，頁408，所述的光緒二十三年（1897）有差異。

根據《全國報刊索引》在網上所存的《勸喻幼女不纏足示》公牘圖像，該公牘圖像亦未有註明發出日期。參見公牘：〈湖南署臬司黃勸諭幼女不纏足示〉，《湘報類纂》，戊集，卷下（1911年），頁3-5。取自 www-cnbk-sy-com.eproxy.lib.hku.hk/literature/browsePiece?eid=null&bcId=null&pieceId=8082fefd242802250493143126cc0428&ltid=7&activeId=6483def9f74f7f-6d3a88db79&downloadSource=NONE，10-6-2023 擷取。由於此差異的重要

纏足容易令人聯繫到人權，因為它就在生活當中。事實上，婦女的人權被壓迫，無論是遇人不淑，或是當奴婢，其生活都是苦不堪言，"皆失人道獨立之義，而損天賦人權之理者也"。康有為在《大同書》寫及"人生之苦"，包括壓制婦女，這些都是中國內生性的現象促使人權觀念在中國植根。康有為說：

> ……而君之專制其國，魚肉其臣民，視若蟲沙，恣其殘暴。夫之專制其家，魚肉其妻孥，視若奴婢，恣其凌暴。在為君為夫則樂矣，其如為臣民為妻者何？……若婦女之嫁一夫，許以身體，其囚役終身以之，甚或鬻賣殺毒，慘不忍言。姑挾尊威以虐其媳，既於婦女之苦言之矣。……為壓制之荼毒，一為奴賤，等於禽鳥，其為背公理，害人道，大逆無德，未之有比者也。……人天所生也。託藉父母，生體而為人，非父母所得專也。人人直隸於天，無人能間制之，蓋一人身，有一身之自立，無私屬焉。……皆失人道獨立之義，而損天賦人權之理者也。…… [94]

　　雖然奴婢在清末 1906 年時已明令禁止， [95]

性較輕微，亦非是次研究的關鍵點，故此筆者沒有就此點再深入探究。
[94] 康有為：《大同書》，頁 65-66。
[95] "1906 年 3 月 25 日，清廷……永遠禁止買賣人口，所有律例內有關奴婢各條，悉予刪除。"參見馮江峰：〈清末民元人權大事記〉，載馮江峰

但蓄婢在 30 年後，在一些地方如陝西，仍"有不少的中上階級的人家，仍然是購買貧窮人家可憐的少女，來做奴婢"。[96] 最主要是因為"各地年年荒旱，農村破產，農民無法生活，只有把自己的骨肉，來換了銀錢度生"。[97] 由此可見，經濟權利諸如生存權作為"人權"的根本是有其基礎的。而以"生存權"作為"人權"論述的首要元素，在約 50 多年後中央政府第一次發表的〈中國的人權狀況〉白皮書，清晰可見。[98]

另外，人權涵蓋社會、經濟權利的一個例子，是一幅在香港的保良局的總部內的民初題字，寫有"保障人權"（照片見圖一）。

著：《清末民初人權思想的肇始與嬗變：1840-1912》，頁 242。

[96] 松：〈談蓄婢〉，《西京日報》，1937 年 6 月 30 日，頁 5。

[97] 同上注。

[98] 國務院新聞辦公室於 1991 年 11 月發表〈中國的人權狀況〉白皮書。這是中央政府第一次發表關於"人權"的白皮書。白皮書在"前言"後有十章，第一章題為"生存權是中國人民長期爭取的首要人權"。該章開首便提及"對於一個國家和民族來說，人權首先是人民的生存權。沒有生存權，其他一切人權均無從談起。"參見中國政府網：〈中國的人權狀況〉。取自 www.gov.cn/zhengce/2005-05/24/content_2615732.htm，19-6-2023 擷取。

圖一：丁卯年保良局董事題字

　　於 1878 年倡議成立的保良局，宗旨是"保赤安良，……初期的工作為防止誘拐，保護無依婦孺，並協助……調解家庭與婚姻糾紛"；[99] 其宗旨與我們今天所理解的"人權"（常指公民和政治權利如遊行、集會、言論自由以及選舉與被選舉的權利）看來關係不大。但是，在保良局位於銅鑼灣禮頓道的總部內，就有一幅後來重製，懸掛寫有"保障人權"的題字（照片見圖一）。

　　根據此題字的開首與下款，可以推斷此題字應該是 1927-28 年的保良局 12 名董事所題。這反映了保護人權是當屆保良局董事所重視的，也反映了

---

[99]　保良局：〈機構簡介 - 倡立源起〉。取自 www.poleungkuk.org.hk/about-us/about-po-leung-kuk，23-4-2023 擷取。

當年，"人權"的含義包含社會、經濟權利，已很為民間機構所認同、接受以至於將維護它作為自己的使命。[100]

3.8 人權觀念受實際情況所檢驗

思想並不會永恒凝固不變，實際體驗會令人（特別是思想家和知識份子）引起反思，令觀念備受實際情況檢驗。

1903 年梁啟超到美洲遊歷考察，1904 年 2 月寫下《新大陸遊記》。[101] 梁啟超對美國的民主制度感到失望。他認為從事政治的人懼怕開罪勢力龐大的陣營，故此導致華人受到反移民情緒的特別針對。梁啟超亦認為在各層級的官員頻繁改變，令到連貫地推行國家政策變得沒有可能。他亦對頻繁的競選活動感到痛惜，認為每一次選舉便提供了

---

[100] 題字的開首寫有 "丁卯季春穀旦"；下款有詳列 "董事同誌" 的十二名董事的名字，其中包括社會知名人士鄧肇堅 (1901-1986)。由於近代的丁卯年為 1927-28 及 1987-88 年，而鄧肇堅於 1986 年去世，故鄧肇堅在丁卯年作為保良局董事應該是 1927-28 年，這可以推斷題字應是民初 1927-28 年作出。[註：該十二名董事（名字由右至左，由上至下次序）為何穎泉、盧頌舉、馬持隆、區廉泉、劉星昶、伍平簪、鄧肇堅、伍華 (1874-1950)、梁應權、何智生、關樹宗及黃伯欣。除卻有註明外，該 12 名董事的生卒年不詳。照片為筆者攝於 2023 年 4 月 26 日。] 另外，在保良局的總部內設有博物館，館內有一 "林炯偉展覽廳"，廳內設置了一個互動式電子屏幕，在 "歷屆董事會" 的下拉式選項，可顯示 "丁卯年董事會成員（盧頌舉居）(1927-28 Board of Directors (Term of Mr Lo Chung Kui)"，其名單與前述十二人的名字一樣。故可確認 "保障人權" 是民初 1927-28 年時的題字。這是筆者於 2023 年 9 月 21 日參觀保良局博物館時所見及記錄下來。

[101] 參見梁啟超：〈新大陸遊記（節錄）〉，載陳書良選編：《梁啟超文集》（北京：北京燕山出版社，1997 年），頁 330-336。

一個機會予更多的貪腐。他亦認為經政黨妥協後推舉的參選人，其特別之處祇是沒有政敵，但不代表有能力。故此選出來的總統也只是政黨領導層的傀儡；總統亦試圖避免在其四年或八年任期內得失任何人，以求能在離任後找到好的工作。言及種種問題，梁啟超認為他的美洲之行，令他感到共和體制並不比君主立憲制好，後者少些缺陷和運作上較有效率。[102]

梁啟超到美洲遊歷，亦由於在遊歷期間見到舊金山（別名三藩市）華人社區之凌亂（諸如會館的無謂之爭、會館議事不是徒具形式，便是爭議不止等等），[103] 梁啟超想到"以舊金山猶如此，內地可知矣"。[104] 他感到中國國民的缺點，"一曰有族民資格而無市民資格"、"二曰有村落思想而無國家思想"、"三曰只能受專制不能享自由"、"四曰無高尚之目的"，[105] 令他更感到"共和"政體不適合中國國民。他說：

> 自由云，立憲云，共和云，如冬之葛，如夏之裘，美非不美，其如於我不適何！……一言以蔽之，則今日中國國民，只可以受專制，不

---

[102] 此段參見 Andrew J. Nathan, *Chinese Democracy* (New York: Alfred A. Knopf, 1985), pp. 59-60.
[103] 梁啟超：〈新大陸遊記（節錄）〉，載陳書良選編：《梁啟超文集》，頁 332。
[104] 同上注，頁 333。
[105] 同上注，頁 330、331、334。

可以享自由。[106]

　　自由是西方人權觀念的基石之一。梁啟超此說已顯示他對以往以強"人權"便可強國的想法，大大的改變了。

　　在 1906 年，梁啟超便寫下了《開明專制論》，當中的〈論開明專制適用於今日之中國〉清楚說明"中國今日萬不能行共和立憲制"、"中國今日尚未能行君主立憲制"及"中國今日當以開明專制為立憲制之預備"。[107] 他強調"人民程度未及格"，亦不時流露他對中國人幼稚的擔憂："夫學識幼稚之民，往往沐猴而冠，沾沾自喜，有權而濫用焉，其常態矣"，[108] "而程度幼稚之民，動偏於一端，而在中國義務思想未發達之人民，尤汲汲以輕負擔為務"。[109] 對於議院選舉，梁啟超亦憂慮"在程度幼稚之國民，往往受賄賂被脅逼，不得為本意之投票"。[110]

---

[106] 同上注，頁 333。
[107] 梁啟超：〈論開明專制適用於今日之中國〉，載張枬、王忍之編：《辛亥革命前十年間時論選集》（北京：三聯書店，1963 年），第二卷，上冊，頁 165。
[108] 同上注，頁 192。
[109] 同上注。
[110] 同上注，頁 193。
就梁啟超對議院選舉，國民可能受賄賂的擔憂，可說在歷史中得到驗證。有研究者便指出民國初年的國會選舉的賄賂問題。例如對民國第一屆國會(1912-1914) 選舉，"賄賂選票為一個普遍的現象。初選票價最低者一、二元，最高者十元八元。複選票價少則數十元，多則百元以至數百元不等"。[張朋園：《中國民主政治的困境，1909-1949：晚清以來歷屆議會選舉述論》（台北：聯經出版事業股份有限公司，2007 年），頁 84。] 至於第二屆

在這裏，梁啟超體會到共和政治體制，需要有一個過程去令民眾提升學識、有權而不濫用、令他們思想發達、不會走向偏端，民眾才及格，共和體制才會成功。而梁啟超所寄望的，是"開明專制"，說到底便是要由英明的強人做領袖，由他帶領民眾，而民眾在英明的領袖帶領下，步入憲制階段。這基本上摒棄了他早期的人權思想。這在在顯示外來思想的轉化，是不能只在思想層面中做功夫，它要經受得起實際的體驗的洗禮，才能體現於現實中；無法和實際生活相結合的思想，終究只能停留在理論的層面。

國會 (1918-1922) 選舉，"中央的選舉……每票的價格是二百至四百元，平均三百元"[同注，頁 153。]，"從初選就開始賄賂，他們以每票一角或二角的些微代價便取得了初當選人的資格……複選的票價每張提高至二百元以上……有一票高達七八百元……"。[同注，頁 154。]

4. 辛亥革命後 "權利" 觀念在中國的轉化

4.1 高舉"人權"，衝擊傳統

辛亥革命在 1911 年 10 月 10 日於武昌起義成功，民國其後成立，但"'共和'有名無實，更有復辟之舉，……知識份子認為中國需要的是國民思想、態度、價值觀以及人格的改造，故產生了'打倒孔家店'、迎接'新思潮'的'五四'新文化運動"。[111]

陳獨秀 (1879-1942) 便是一例，他於 1915 年創刊的《新青年》，[112] "最初高舉的大旗是'科學與人權並重'。直到 1919 年初，《新青年》才把自己的綱領歸結為民主與科學。"[113]《新青年》"在開始時便是反儒家學說的知識份子刊物，攻擊傳統家庭制度的不平等和落伍過時的愚孝行事。……即便已完成共和革命，仍繼續提倡必須把人從仍四處可見的中國儒家遺產的桎梏中完全解放開來"。[114]

在《新青年》創刊號相當於宣言書的〈敬告青

---

[111] 連浩鋈：《扭轉乾坤：革命年代的中國 (1900-1949 年)》(香港：天地圖書有限公司，2022 年)，頁 33。

[112] "《新青年》最初叫做《青年雜誌》，1915 年 9 月 15 日在上海創刊，是一份月刊，由陳獨秀主編。"參見《新世紀智能》，2021 年 ZA 期 (2021 年 8 月)，頁 8，對《新青年》和創刊號中的〈敬告青年〉一文的介紹。《青年雜誌》在 1916 年 9 月第 2 卷第 1 號後改名為《新青年》。參見吳忠希：《中國人權思想史略：文化傳統和當代實踐》，頁 174。

[113] 朱華：〈新文化運動初期的人權思想初探〉，《史林》，2002 年 1 期 (2002 年 1 月)，頁 94。

[114] 筆者自譯。原文為 " 'New Youth' ... started out as the intellectual mouthpiece of anti-Confucianism, attacking the inequality of the traditional family system and the anachronistic practice of filial piety ... 'New Youth' called for the complete liberation of the individual from the suffocating constraints of China's Confucian heritage ... even after the Republican revolution." [Robert Weatherley, *Making China Strong*: *The Role of Nationalism in Chinese Thinking on Democracy and Human Rights*, p. 76.]

年〉一文中，陳獨秀便提倡"自主的而非奴隸的"：

> 　　等一人也，各有自主之權，絕無奴隸他人
> 之權利，亦絕無以奴自處之義務。奴隸云者，
> 古之昏弱對於強暴之橫奪，而失其自由權利者
> 之稱也。自人權平等之說興，奴隸之名，非血
> 氣所忍受。……解放云者，脫離夫奴隸之羈絆，
> 以完其自主自由之人格之謂也。我有手足，自
> 謀溫飽；我有口舌，自陳好惡；我有心思，自
> 崇所信；絕不認他人之越俎，亦不應主我而奴
> 他人；蓋自認為獨立自主之人格，以上一切操
> 行，一切權利，一切信仰，唯有聽命各自固有
> 之智能，斷無盲從隸屬他人之理。……以其是
> 非榮辱，聽命他人，不以自身為本位，則個人
> 獨立平等之人格，消滅無存，其一切善惡行
> 為，勢不能訴之自身意志而課以功過；謂之奴
> 隸，誰曰不宜？立德立功，首當辨此。[115]

　　由此可見，陳獨秀把人作為人的價值，把其自主、自由、獨立、平等放在很高的位置，個體是突出的、鮮明的，人應"完其自主自由之人格"、"以自身為本位"。這和西方人權觀念接近。他也表示"國人而欲脫矇昧時代，羞為淺化之民也，則急起

---

[115] 陳獨秀：〈敬告青年〉，《青年雜誌》，第 1 卷 1 期（1915 年 9 月），頁 14。

直追，當以科學與人權並重。"[116] 可見他認同"人權"作為人脫離曖昧、培養深度的重要性。

不過，亦需注意的是，陳獨秀在〈敬告青年〉所提倡對青年的六項明確標準（包括"自主的而非奴隸的"），[117] 其痛陳青年之於對中國社會有重大責任的想法，仍與國家富強分不開，因為青年若做不到那些標準，便如其文所說"於人身則必死，於社會則必亡"。[118] 這與他在 1916 年 1 月的〈一九一六年〉一文，當中所講"尊重個人獨立自主人格，勿為他人之附屬品。......集人成國，個人之人格高，斯國家之人格亦高；個人之權鞏固，斯國家之權亦鞏固。而吾國自古相傳之道德政治，胥反乎是"是一貫的。[119]

不過，即使如此，陳獨秀的人權觀，仍有其它值得注意的地方。他不但大力提倡自主自由、獨立平等的價值觀，而且他還用人權這個觀念，作為大力抨擊中國傳統觀念的工具。他立足於認為人權與現代社會經濟生活是分不開的，所以亦視中國傳統三綱倫常不能"萬世不易"，社會學說之興廢、恒時也要"視其社會之生活狀態為變遷"。他說：

---

[116] 同上注，頁 18。
[117] 其餘五項是"進步的而非保守的"、"進取的而非退隱的"、"世界的而非鎖國的"、"實利的而非虛文的"、"科學的而非想像的"。參見上注，頁 14-17。
[118] 同上注，頁 13-14。
[119] 陳獨秀：〈一九一六年〉，《青年雜誌》，第 1 卷 5 期（1916 年 1 月），頁 12。

若夫文明進化之社會，其學說之興廢恒時，時視其社會之生活狀態為變遷。……現代生活，以經濟為命脈，而個人獨立主義，乃為經濟學生產之大則，其影響遂及於倫理學。故現代倫理學上之個人人格獨立，與經濟學上之個人財產獨立，互相證明，其說遂至不可動搖。而社會風紀，物質文明，因此大進"。[120]

故其結論是 "……不尊孔，則可謂之為風俗人心之大壞，蓋未知道德之為物，與真理殊。其必以社會組織，生活狀態為變遷，非所謂一成而萬世不易者也。吾願世之尊孔者勿盲目耳食，隨聲附和，試揩爾目，用爾腦，細察孔子之道果為何物，現代生活果作何態，訴諸良心，下一是非善惡，進化或退化之明白判斷。勿依違，勿調和。依違調和為真理發現之最大障礙。"[121]

陳獨秀的意思就是，人們指責世俗人心 "不尊孔道" 其實是因為批評者不了解道德與真理，會因應人類社會生活實際發展而變遷不同，不能死抱舊有的不放。這在在顯示了陳獨秀看待個人獨立主義，並不是孤立地看它的道德價值，而是動態地把

---

[120] 陳獨秀：〈孔子之道與現代生活〉，《新青年》，第 2 卷 4 期 (1916 年 12 月)，頁 7。
[121] 同上注，頁 12。

它放在社會生活中去看經濟作為現代生活的命脈，如何影響傳統道德。

陳獨秀的人權觀念還有其它值得注意的地方。在 1915 年 9 月的〈法蘭西人與近世文明〉一文中，他認為法國人對近世文明貢獻有三，分別是"人權"、"生物進化論"和"社會主義"；此三項"足以變古之道，而使人心社會劃然一新者"：

> 近代文明之特徵，最足以變古之道，而使人心劃然一新者，厥有三事。一曰人權，一曰生物進化論，一曰社會主義是也。[122]

陳獨秀分別就以上三項思想追溯至法國的思想家。以查爾斯·達爾文 (Charles Darwin, 1809-1882) 的生物進化觀興起人權競爭之說已在之前提及過。陳獨秀在這個背景中，再加上他對西方物質、技術競爭進步而帶來的不平等，他是有保留的。他說：

> 近世文明之發生也，歐羅巴（筆者按：即歐洲）舊社會之制度，破壞無餘；所存者利有財產制耳。此制雖傳之自古，自競爭人權之說興，機械資本之用廣，其害遂演而日深。政治之不平等，一變而為社會之不平等；君主貴

---

[122] 陳獨秀：〈法蘭西人與近世文明〉，《青年雜誌》，第 1 卷 1 期 (1915 年 9 月)，頁 19。

族之壓制，一變而為資本家之壓制。此近世文
明之缺點，無容諱言者也。欲去此不平等與壓
制，繼政治革命而謀社會革命者，社會主義是
也。[123]

陳獨秀一方面提倡個體自主自由，獨立平等的
重要，另一方面並沒有忽略西方社會在發展人權的
同時，亦存在着一些人權 "競爭" 的狀況，致使有新
的壓制和不平等的情況出現。這就猶如生物進化論
中的 "物競天擇，適者生存" 般，由強、弱競爭，前
者侵噬致於淘汰後者，即壓制由原本來自君主貴族
變成來自資本家；不平等由政治層面轉向社會層面。
陳獨秀的這種見解，與之前所引述的 "天賦人權" 論，
是更進一步的轉化，陳獨秀雖然重視自主自由、獨
立平等，但他似乎並不強調 "人權" 是天賦、或是自
然的。反而，他以由私有財產制發展而來的社會不
平等現象，對照西方的人權觀，令他的人權觀在中
國人語境中帶有更社會性、經濟性的一面。[124]

[123] 同上注，頁 20。
[124] 陳獨秀對人權可能會為國家帶來危害的觀點，其實很可能早在 12 年前
（即 1903 年）已有了。有研究指出 "1903 年，陳獨秀努力創辦了安徽愛國會，
其章程就規定，不允許存在會'妨碍國家福祉'的個人自由。"[（美）安靖如著，
黃金榮、黃斌譯：《人權與中國思想：一種跨文化的探索》，頁 201。英文
原著參見 Stephen C. Angle, *Human Rights & Chinese Thought: A Cross-Cultural
Inquiry*, p.182.]

4.2 "人權"的社會、經濟權利面向

與陳獨秀同期的知識份子，有高一涵（1885-1968）值得一提。有研究者指他是最早在中國提出生存權的知識份子之一。[125] 亦有研究者指他也是"最早、最有影響的經濟權利倡導者之一"。[126] 這是西方人權觀很大的轉化，因為以自由主義為重的西方人權觀很主要由公民及政治權利所主導，而不是以社會、經濟權利為主導。

在 1915 年的一篇〈國家非人生之歸宿論〉，高一涵寫道"夫權利亦非人生之歸宿，僅人生欲達歸宿必由之一途"。[127] 這清晰表明了權利，包括人權並非終極目的，也不是終極價值所在，而是一種手段達致更高、更遠的目的和價值。他反對"以國家為人生之薪響，人生為國家之憑藉"。[128] 因為他認為國家只是人類所創造之一物，而人類才是其實質，故此國家的薪響是人民的薪響的總和的總反映，但人民的薪饗是需要國家調和和有序列的施行。

所以，高一涵認為：

---

[125] 參見 Stephen C. Angle, and Marina Svensson, "Rights and Chinese Thought", p. 7.
[126]（美）安靖如著，黃金榮、黃斌譯：《人權與中國思想：一種跨文化的探索》，頁 208。英文原著見 Stephen C. Angle, *Human Rights & Chinese Thought: A Cross-Cultural Inquiry*, p.189.
[127] 高一涵：〈國家非人生之歸宿論〉，《青年雜誌》，第 1 卷 4 期（1915年 12 月），頁 18。
[128] 同上注，頁 14。[註："薪"，祈求的意思。]

人民國家有互相對立之資格，國家對於人民有權利，人民對於國家亦有權利。人民對於國家有義務，國家對於人民亦有義務。國家得要求於人民者可犧牲人民之生命，不可犧牲人民之人格。人民之盡忠於國家者，得犧牲其一身之生命，亦不得犧牲一身之人格。人格為權利之主，無人格則權利無所寄，無權利則為禽獸，為皂隸，而不得為公民。故欲定國家之蘄嚮，必先問國家何為而生存。又須知國家之資格，與人民之資格相對立。損其一以利其一，皆無當也。……[129]

　　高一涵在這裏就把權利，包括人權定位作為求得人格之手段，若沒有人格這個更高、更遠的目的和價值，權利本身便無所依託，亦無憑藉。但權利，包括人權又非常重要，因為沒有了它便淪為與禽獸或奴隸無異。高一涵也給人的蘄嚮一個很主要的地位，但他沒把這個提升至天賦的地位，也沒有只偏重國家保護人民權利一面，他從西方人權觀中注重人作為人的權利扭轉靠向了強調人格，把國家和人民的地位放在一個既本然有所對立，但又不應損一方以利他方，說明了兩者的共生性的重要，兩者毋所偏重，而又互為重要的關係，所以他說：

　　國權人格，互相對立之第一要義，即在各

[129] 同上注，頁 17。

有限制，各正其適當運施之封域，相調相劑而不相侵……國家但能頒布善良政策，助起產業之昌盛，鼓勵勤勞者之心神至生產企業投資服役之事，亦非國家所能自行也。故國家職務在立於億兆之間，以裁判其相侵相害之事實，調和其相需相待之機宜。獎勵其自由，所以發其自治之動因；保護其人格，所以期其獨立之結果。人民求其歸宿，必取逕於權利之一途。國家惟立於人民之後，持其權力鼓舞而振起之，以杜其害，以啓其機足矣。……此則保護權利說之真正價值也。[130]

而當高一涵提及"故欲定國家之蘄嚮，必先問國家何為而生存"、"國家惟立於人民之後……保護權利……"，結合他說國家只是人類創造的一物，其實質是人民，可以據此理解為人必先有生存權，才能講人的蘄嚮，國家的蘄嚮，而國家必須保護人民的生存權，才能談及人民行使其權利以臻人格。這即是生存權是人權的基礎，人權是派生性的，不是"天賦"的。要生存，最起碼的便是要有基本的經濟權利。所以高一涵很早便把西方人權觀主導的公民和政治權利，轉化至基本經濟權利。

高一涵在他 1921 年的〈省憲法中的民權問題〉一文中，詳細闡述他認為人民要實現自主，要

[130] 同上注，頁 18-19。

有自由權，就必須擁有更為重要的經濟權利，因為人行使自由之前，人要具備一些基本條件才行。[131] 他舉例職業選擇自由也如是：

能夠自由選擇職業的人，第一要有技術上的訓練，既已受過技術上的訓練，又要有相當的生活費，使他不致為饑寒所迫，苟且遷就。……比方抬轎本是不人道的職業，但是在中國現狀下，且有人抬轎而不可得的。教這種求抬轎而不可得的人去自由選擇職業，豈不是教那些連飯都沒得吃的小百姓去揀選上等的山珍海味來滋陰補陽嗎？[132]

高一涵所說的生存權，他是這樣綜合起來的：

人類既已生存，就該有保持生存的權利，不應該使一部份人連生命都不能維持。我們當共產制度沒有採用之先，應該有以法律來保障那些得不到生存資料的人。詳細來說：就是法律上應該承認未成丁的人有受教養的權利，承認衰老殘疾失掉勞動能力的人有受救濟的權利。[133]

---

[131] 參見高一涵：〈省憲法中的民權問題〉，頁40。
[132] 同上注，頁44。
[133] 同上注，頁45-46。

高一涵這篇文章是講及憲法着重保護基本政治權利的不足，他認為：

　　　　……我們現在不談憲法便罷，如果要談憲法便要把經濟的基本權收由憲法保障。因為我們認定經濟問題不解決，政治問題也萬不能解決，人民不能得到經濟上的平等權，便不能享受政治上的自由權。[134]

　　這個觀點和西方的人權觀大不同。[135] 對照西方的人權觀，可以理解為轉化到更形而下、更呼應當時中國實際社會環境面對的問題。有研究者便指，"在 1920 年後，大多數中國人在討論人權時，都很普遍地提及生存權和經濟權利"。[136] 先前提述過保良局董事於 1927-28 年的 "保障人權" 的題

---

[134] 同上注，頁 46。

[135] 值得注意的是，高一涵認為經濟上的基本權利比政治上的自由權更具根本性的觀點，和陳獨秀在 1932 年曾批評一些公民及政治權利的看法，在理念上是很接近的。陳獨秀曾說："選舉自由也是民主政治之一例，而佔全國人口最少數的資產階級，它有廣大金錢做選舉運動費，如宣傳費、廣告費，甚至賄買投票，它有優越地位如企業主或明或暗的強迫被僱者之投票。……集會自由也是民主政治之一例，……大多數工農勞苦人民，有多少閒裕時間能夠像有閒階級自由集會？又有多少公私建築供他們集會？出版自由也是民主政治之一例，而最好的印刷機器，巨量的紙和油墨，都在資本家手中，偌大設備的日報和雜誌也在資本家手中，……它廣有金錢可用經濟壓迫操縱着作家，僱傭御用的學者做它的喉舌，所謂出版自由，乃資本家買新聞紙和製造輿論的自由。……" 參見陳獨秀：〈我們要怎樣的民主政治？〉，載陳獨秀著，林致良、吳孟明、周履鏘編：《陳獨秀晚年著作選》，（香港：天地圖書有限公司，2012 年），頁 372-373。原文寫於 1932 年 4 月 18 日，刊載於《火花》第 1 卷第 9 期。見同注，頁 376。

[136] 筆者自譯。原文為 "After 1920, the right to subsistence and economic rights were commonly referred to by most Chinese discussing human rights." (Stephen C. Angle, and Marina Svensson, "Rights and Chinese Thought", p. 7.)

字，也是這種思想的反映。

4.3　革命沒有帶來富強，人權觀念擱在一旁

辛亥革命雖然結束了二千年的帝制，但共和體制並未植根於中國。辛亥革命後袁世凱（1859-1916）試圖復辟，軍閥割據，民主、自由、人權並沒有帶來更幸福的中國。辛亥革命後中國曾一度效法西方實行議會制和"三權分立"，結果失敗（民國初年效法西方共和體制失敗的例子見延伸閱讀（四））。[137] 因應從實際環境得來的經歷和經驗，令思想家和知識份子對"天賦人權"觀產生轉向。

延伸閱讀（四）：民國初年效法西方共和體制失敗的例子

有關效法西方共和體制的失敗，以下事例或評論可畧見當年極其混亂的情況：

（一）有研究指"1912 年以後，軍人勢力壯大，就漸漸轉變為軍人領導紳士的政權。北京的總統、總理、國務院、國會受軍人操縱，各地方的縣長、鄉長也受軍人操縱。這就是所謂的'軍—紳政權'。以辛亥革命為例，在新政府的 22 個都督中，15 個是軍人，7 個是紳士。軍閥時期的顯著特徵是分崩離析：中央不能

---

[137] 參見孫德鵬：〈清末以降的人權思想與實踐（1840-1947）〉，《中國人權評論》，2014 年 2 期 (2014 年 12 月)，頁 25-26。

控制地方，法律不能控制派系。"參見孫德鵬：〈清末以降的人權思想與實踐（1840-1947）〉，頁20-21。

（二）民國建立後，政府及政治混亂，包括《中華民國臨時約法》和國會曾被袁世凱廢止而後又恢復、黎元洪（1864-1928）短暫任總統約一年後於軍事政變中被馮國璋（1859-1919）所取代、孫中山於廣州成立護法政府（但護法政府本身也是四分五裂）致使國民政府呈南北分裂之勢、馮國璋後來被當時自1913年以來第一個的立法院根據憲法選舉出來的徐世昌（1855-1939）所取代的混亂現象等等。參見 Robert Weatherley, *Making China Strong*: *The Role of Nationalism in Chinese Thinking on Democracy and Human Rights*, pp. 82-84.

（三）"……在革命推翻清朝之後，新共和國已設備一套民主機制：有憲法、有民選出來的代議國會，以及孟德斯鳩［筆者按：孟德斯鳩即 Montesquieu, 1689-1755，是法國啟蒙思想家］式的管治權力分立模式。但這被證明為西方模式的諷刺。選舉祇引起極少回應，而且很多時結果都是被操縱的。國會成員對袁世凱或曹錕（1862-1938）的金錢，相對於民眾的意願和需要，更為積極回應。事實上，在1912-1926年期間，便有五份官方的憲法或憲法擬稿，這對公眾就民主機制增強信心毫無幫助。"［筆者自譯。參見洛伊德‧伊斯曼（Lloyd E. Eastman, 1929-1993), *The Abortive Revolution*: *China Under Nationalist Rule, 1927-1937* (Cambridge, Massachusetts: Harvard University Press, 1974), p. 142.]

（四）當其時效法西方行多黨制度，結果"'集會結社，猶如瘋狂，而政黨之名，如春草怒生，為數幾至近百。'以致於'黨會既多，人人無不掛名一黨籍。遇不相識者，問尊名大姓而外，往往有問及貴黨者。'據統計，當時的政黨多達300餘個，真可謂政黨林立。"［原注：善哉：〈民國一年來之政黨〉，《國是》，1913年第1期（1913年5月）。引述自陳揚勇：〈建設新中國的藍圖 —《中國人民政治協商會議共同綱領》研究〉（復旦大學歷史學系博士論文，2009年），頁84。］

（五）毛澤東亦曾被引述說："議會制，袁世凱、曹錕都搞過，已經臭了。"［原注：毛澤東著，中共中央文獻研究室編：《毛澤東文集》（北京：人民出版社，1996年），第五卷，頁136。引述自上注，頁76。這是毛澤東在1948年9月，於一篇題為〈在中共中央政治局會議上的報告和結論〉之中提到。］、"西方資產階級的文明，資產階級的民主主義，資產階級共和國的方案，在中國人民的心中，一齊破了產"［原注：毛澤東：《毛澤東選集》（北京：人民出版社，1960年），第四卷，頁1476。引述自上注，頁67。這是毛澤東在1949年6月30日，為紀念中國共產黨28週年，於一篇題為〈論人民民主專政〉之中提到。］

有研究者便指出，嚴復"為清朝覆亡後的廣泛傳播而失控的自由意志主義（libertarianism）所震驚，相信'中國必須繼續由一個專制的政府引導，否則將不可能恢復秩序，更枉論保存財富和力量'"。[138] "在 1914 年，嚴復堅持中國所需要的並非更大的個人權利或自由，'而是每個人為了社會的好處和國家的利益，都願意限制（他們的）自由'"。[139] 與當初提倡民主與權利是建立強的民族國家的先決條件，嚴復的思想又轉化至民主與權利是應該在國家強起來之後才建立的，這無異於拋棄了西方的"天賦人權"觀。

康有為"在戊戌變法失敗後，他出國組織保皇會。在中華民國建立後，他參與了張勛（1854-1923）所組織的復辟運動，復辟失敗後，保皇派遂瓦解"。[140] 有研究者指出，康有為於 1912 年 6 月寫了〈中華救國論〉一文，當中：

> 充份暴露出他在人權問題上的複雜和矛盾認識。他強調與國情為藉口，極力反對在中國倡導人權。他以法國和德國為例，指出'法共和之時，盛行天賦人權說，蓋平民政治，以民為主，故發明個人之平等自由不能不以民為

---

[138] 筆者自譯。原文為 "Yan Fu, who had been alarmed by the apparent spread of uncontrollable libertarianism after the fall of the Qing dynasty, believed that 'China must continue to be guided by a despotic government. Otherwise it will be impossible to restore order, let alone retain wealth and power." [Robert Weatherley, *The Discourse of Human Rights in China*: *Historical and Ideological Perspectives* (Basingstoke, Hampshire & London: Macmillan Press, 1999), p. 73.]

[139] 筆者自譯。原文為 "... in 1914, Yan insisted that what China needed was not greater individual rights and freedoms, 'but the willingness of everyone to curtail [their] freedom in the interests of the state and for the benefit of society.' " [Robert Weatherley, *The Discourse of Human Rights in China*: *Historical and Ideological Perspectives*, pp. 73-74.]

[140] 吳忠希：《中國人權思想史略：文化傳統和當代實踐》，頁 110。

重，而國少從輕也。及德國興，創霸國之義，以為不保其國，民無依託，能強其國，民預榮施，以國為重，而民少從輕也。夫未至大地一統，而列國競爭之時，誠為切時之至論哉'。[141]

康有為論述"個人之平等自由"，是"發明"，這基本上代表"人權"並不是天賦的，這和他之前的"天賦人權觀"截然不同。而且究竟是國依託於"以民為重"，以令國家興；還是民依託於"以國為重"，避免其無所依，其實視乎國家所處的發展階段而作的論述而已。

另外，有研究指出，孫中山革命實踐中也已認識到：

中國現在革命，都是爭個人的平等、自由，不是爭團體的平等、自由。所以每次革命，總是失敗。[142]

孫中山在向國民黨人解釋"訓政"的需要時，直言中國四四萬人民"幼稚"，"無知可憐"。[143] 孫

[141] 杜鋼建：《中國近百年人權思想》，頁 34。
[142] 吳忠希：《中國人權思想史略：文化傳統和當代實踐》，頁 128。
[143] 參見孫中山：〈討論中華革命黨總章時的談話〉，載尚明軒主編：《孫中山全集》（北京：人民出版社，2015 年），第八卷，頁 314。該談話時為 1914 年夏，是關於孫中山解釋訓政的需要。他以伊尹（商朝名臣，約公元前 16 世紀）為例，解釋為何要訓政："......《尚書・伊訓》不是說太甲

中山亦曾說：

> 我中國人民久處於專制之下，奴性已深，
> 不有一度之訓政時期以洗除其舊染之污，奚能
> 享民國主人之權利？"[144]

　　孫中山在 1914 年的《中華革命黨總章》第七
條中要求"凡進本黨者必須以犧牲一己之身命、自
由、權利而圖革命之成功為條件，立約宣誓，永久
遵守。"[145] 亦在《中華革命黨總章》第十三條規
定："凡非黨員在革命期間內，不得有公民資格。
必待憲法頒布之後，始能從憲法而獲得之；憲法頒
佈以後，國民一律平等。"[146]

　　這些說法，已有別於孫中山在同盟會時期所抱
持的"天賦人權"觀、自由、平等的想法。孫中山
在 1924 年便說：

是皇帝，伊尹是臣子，太甲年幼無知，伊尹訓之不聽，還政於桐宮。我們
建立民國，主權在民，這四萬萬人民就是我們的皇帝，帝民之說，由此而
來。這四萬萬皇帝，一者幼稚，二者不能親政。我們革命黨既以武力掃除
殘暴，拯救無知可憐的皇帝於水火之中，就是要行伊尹之志，以'阿衡'自
任，保衛而訓育之，使一些皇帝如太甲之'克終允德'，則民國之根基鞏固，
帝民亦永賴萬世無疆之憂。……"
[144] 參見孫中山：〈建國方略孫文學說〉，載秦孝儀主編：《國父全集》，
第一冊，頁 392。〈孫文學說〉於 1919 年出版。參見同注，頁 352。
[145]《中華革命黨總章》"為孫中山手書，1914 年 7 月 8 日中華革命黨
於東京築地精養軒舉行成立大會時公布。"[孫中山著，中國社會科學院近
代史研究所中華民國研究室、中山大學歷史系孫中山研究室、廣東省社會
科學院歷史研究室合編：《孫中山全集》(北京：中華書局，1984 年)，第
三卷，頁 97。]《中華革命黨總章》第七條，見同注，頁 98。
[146] 同上注，頁 98。

在今天，自由這個名詞究竟要怎麼樣應用呢？如果用到個人，就成一片散沙，萬不可再用到個人上去，要用到國家上去。個人不可太過自由，國家要得完全自由……要這樣做去，便要大家犧牲自由。[147]

在這裏，國家的自由要先於個人的自由，沒有國家的自由，個人的自由是說不上的。個人的自由、權利必須要為革命、為國家而服務。公民資格並非平等，非黨員在革命期間不會享有，要待憲法頒布之後，始能從憲法獲得。這即是說人權並非"天賦"，並非先於國家法律而存在，平等亦要待時候成熟才能實現。總的來看，這在在代表了國家的權利、自由要優先，"權"要先集中在國家，才有可能在其後實現個人的自由和平等。換言之，國家集權是需要的。當中的邏輯不難明白：由於國家生存是當下最重要的工作，只有能幫助這工作的"權"和"權利"，才是和都是正當的。個人的權利、自由和平等，要壓縮和先讓位給國家。

而"三民主義"中的"民權主義"，孫中山在同一年（1924年）亦清楚說明，"民權主義"不同於

---

[147] 孫中山：〈民權主義六講 第二講〉，載孫中山著，孫中山研究學會、孟慶鵬編：《孫中山文集》，上冊，頁158。[註：從1924年1月27日起，孫中山在廣州國立高等師範學校禮堂演講三民主義。同年8月24日後，因準備北伐而中輟，民生主義部份未講完。該時段共有民族主義六講、民權主義六講和民生主義四講。參見同註，頁6、59。]

"天賦人權"，亦表明"民權"是為民國服務，因為反對民國的人是不得享有民權：

> ……國民黨之民權主義，與所謂"天賦人權"者殊科，而惟求所以適合於現在中國革命之需要。蓋民國之民權，惟民國之國民乃能享之，必不輕授此權於反對民國之人，使得借以破壞民國。詳言之，則凡真正反對帝國主義之個人及團體，均得享有一切自由及權利；而凡賣國罔民以效忠於帝國主義及軍閥者，無論其為團體或個人，皆不得享有此等自由及權利。[148]

這是西方人權觀念在中國經歷了實際環境檢驗後的一種轉化，脫離了在理論、理念或想像中的借用或直接移植，而是透過實際檢驗而在中國適應化、在地化的結果。應該注意的是，有研究者亦指出，中國迅速傾向集權主義，與當時國際間一股趨升的集權趨勢不無關係。中國仿效西方如設議院，變革政治制度，"並沒有如之前所希望般快速令中國變成一個強大的民族國家，中國無能力抵禦日本在它東北邊界日益增加的影響，……嚴重地挫損了整個民主進程的說服力"。[149] "中國的領袖和知識

---

[148] 孫中山：〈中國國民黨第一次全國代表大會宣言〉。同上注，頁400。這個宣言由孫中山提交代表大會審查討論，在孫中山主持下於1924年1月23日表決通過。同上注，頁394。
[149] 筆者自譯。原文為 "... seriously undermined the credibility of the whole democratic process, but more importantly China's inability to stem the growing threat of Japan on its north-eastern border meant that democracy

份子，都為德國、蘇聯和意大利的集權主義留下特別深刻的印象。再者，在深度的經濟蕭條下，中國人相信即使是美國及英國，......也正移離根深的民主制度，朝向更集權的制度"。[150]

所以，能夠進入思想家和知識份子的認知範圍的經歷、經驗和知識，無論是在地的，還是外來的，都可對思想提供轉化的資源。在地的實證經歷和經驗，若和外來的實證向量相同的話，可以大大地強化思想的轉向。

4.4　小結

從"人權"觀念於清末民初在中國的轉化，可以得出以下的觀察。

外來思想資源要進入原有的思想資源，要先有一個契機；因為若原有的思想資源已可以解決問題，思想家或知識份子需要尋求外來思想資源的誘因便大為降低了。清末民初的救國、救民渴求，為

---

had not succeeded in rapidly transforming China into a strong nation-state, as was previously hoped". [Robert Weatherley, *The Discourse of Human Rights in China*: *Historical and Ideological Perspectives*, p. 71.]

[150]　筆者自譯。原文為"Chinese leaders and intellectuals were particularly impressed with the success of authoritarian rule in Germany, the Soviet Union and Italy. In addition, the Chinese believed that in the depths of economic depression, even the United States, ... and the United Kingdom, ... were moving away from their strong democratic roots towards a more autocratic system". [Robert Weatherley, *The Discourse of Human Rights in China*: *Historical and Ideological Perspectives*, p. 164.]

西方的人權思想提供了進入的場景。

外來思想資源，由於它是外來的，它必然相對於原有的思想資源是其所沒有、是有所異或甚至乎是有所悖的，而且它在本地也實在沒有什麼"有績可循"、"有稽可考"的"績效"。故此，在引入外來思想資源的初期，它被原有思想的擁護者抨擊或視為"異端"，是一個很自然的反應和過程。[151]

因此，引進外來思想資源，必須想方設法，無論是提出有效的論述以證明外來思想資源更切合解決當下問題、或者是提出有效的論述把外來思想資源"自然而然"地轉化入原有的思想資源，又或兩者兼而有之，外來思想資源才有機會成為新的思想資源解決問題。換句話說，外來的思想資源若要能在地使用，它必須和原有的思想資源有機結合，才能有機會成功，它是不能直接地被移植的。

---

[151] 一個實例是郭嵩燾有關"民權"的概念。在之前的注釋有提及近代中國人對"民權"概念的使用，最早見於郭嵩燾的《使西日記》。郭在 1878 年 5 月 19 日的日記中寫道："西洋政教以民為重，故一切取順民意，即諸君主之國，大政一出之議紳，民權常重於君。"有研究者表示梁啟超曾說："可了不得，這部書傳到北京，把滿朝士大夫的公憤都激動起來了，人人唾罵，日日參奏，鬧到奉旨毀板才算完事。"可見郭嵩燾在日記中提及的"民權"概念，當時在國內並沒有獲得廣泛接受（或甚至乎流傳），其觀點亦遭到了當權者激烈的反對和抨擊。參見王新雅：〈中國近代民權觀念的發生與傳播〉，《理論與現代化》，2020 年 6 期 (2020 年 12 月)，頁 60-61。另有研究者表示，"在洋務運動時期，一些人士就已提出'民權'一說。到'戊戌變法'時，'民權'思想開始廣為流傳"。[註：程夢婧：《〈人權宣言〉在晚清中國的旅行》，頁 125。]"戊戌變法"發生於 1898 年，以此觀之，由郭嵩燾提出"民權"概念，至這思想開始廣泛流傳，中間相距也有 20 年，可見思想在社會傳播需要時間（也需要場景和空間）。

但是，要做到有機結合需要時間和空間，要在解決問題當中不斷地嘗試、結合經驗、反饋、再嘗試、再結合經驗、再反饋的一個循環過程，才能糅合外來和原有的思想資源。清末民初"救國救民"的深重危機並不能夠為西方的人權思想提供一個平和環境，讓它深入到中國人的思想資源尋找有機結合的契機；在國難當前的急迫情況下，思想家和知識份子只能把西方人權思想當作"拿來"的工具般以救國、救民。當西方人權思想救不了國、救不了民時，便棄之如敝屣，這是"思想工具化"的結果。

所以，歸根結底，正如有研究者指出，"一種外來思想傳入中國，需要以中國傳統內部變遷為基礎"。[152] 對外來思想資源不能囫圇吞棗，必須要知其然和知其所以然，對比原有的思想資源也要知其然和其所以然，這才能在原有思想資源的最本源的基礎上，觀察到原有的思想資源和外來思想資源有什麼不同，和為什麼不同。有了這個認識，才能談得上兩種思想資源是否有機會有機結合。否則，實際上也只能夠透過以上提及的在解決問題當中，不斷地嘗試、結合經驗、反饋、再嘗試、再結合經驗和再反饋的累積循環過程尋找結合。

---

[152] 金觀濤：〈唯物史觀與中國近代傳統〉，《百年中國》，總第 33 期 (1996 年 2 月)，頁 61。

5. "Privacy"和"私隱"

5.1 "Privacy" 的意思和使用

現在讓我們看看有關 privacy（"私隱"）的問題。

有研究者指出，"據以賽亞·伯林 (Isaiah Berlin，1909-1997) 考察，像個人私隱權這種代表自主性的觀念在西方出現，最早不會超過十六世紀。"[153] 亦有研究者指，私隱權在歐洲的出現，可追溯至在 18 世紀討論人權之時。[154]

另有研究者認為，歐洲的黑死病（從 14 世紀開始，到 17 世紀結束）帶來了一種現代意義上的"隱私"現象。這是源於在當時的歐洲，一個家庭最貴重的物品是一張大床，它是家庭的社交活動的聚集點。人們在大床上交談，甚至一起睡覺，在這一階段很少有人在睡覺時要求現代意義上的"隱私"。即使在醫院裏，患者之間彼此睡得很接近，甚至乎不同的病者（即使患有傳染病）也是睡在同一張床上。為了讓生命獲得救治，單獨的病床被發明出來並在醫院中流行起來。後來因為工業革命的生產力的發展，單獨的床漸見普及。工業革命的誕生，也

---

[153] 金觀濤、劉青峰：《觀念史研究：中國現代重要政治術語的形成》，頁 102。以賽亞·伯林是英國的哲學家和觀念史學家。
[154] 參見Bonnie S. McDougall, "Particulars and Universals: Studies on Chinese Privacy", in Bonnie S. McDougall, and Anders Hansson (eds.), *Chinese Concepts of Privacy* (Leiden and Boston: Brill, 2002), p. 4. 私隱權和人權的討論在差不多的時間冒起，也是自然的事。講到底，"在自由主義之中，自由和私隱是緊密相關的概念"。參見 Anthony Arblaster, *The Rise and Decline of Western Liberalism* (Oxford: Blackwell, 1984), p. 43.原文為 "Within liberalism, freedom and privacy are closely related concepts."。

導致至少是富人家中擁有現代意義上的廣闊的和獨立的空間；對於貧困的人和大多數的社會個體而言，獨立空間的範圍相對以往是增加了，雖則仍無法完全得到現代意義上的私密。但對於"隱私"而言，這微不足道的變化已使人在意識上有了對"隱私"的覺醒。[155]

這些在意識上對"隱私"的覺醒，並非由因於單獨事件。有研究者便指出，還有其它諸如在 18 世紀下半葉於法國的家居設置，已逐漸強化了個人分離 (individual separateness)，例如曾經一度用作普遍用途的房間變成睡房；較富有的人家的子女，有獨立於其父母的房間。在 18 世紀下半葉，在巴黎的房屋有三份之二有睡房，但只有七份之一有專設飯廳，睡房的重要性可見一斑。在那時候巴黎社會的上流一族，已開始堅持要有一系列的房間作私密的用途，包括私下撅嘴、上廁所和洗澡。而這些都伴隨着在歐洲，人作為個體自 14 世紀以來，人的身體本身，與別人或環境的界限愈發分離和清晰，導致人對其作為一個獨立個體的意識愈發強化有關。那時候，人們愈來愈抗拒在公眾地方便溺，人們開始在打噴嚏時使用手帕，而不是以手掩鼻。吐痰、從共用碗中取食、與不諗熟的人同睡一床愈來愈令人厭惡或不快；爆發猛烈的情緒和帶侵略性

[155] 這段參見銀晟：〈人類文明中的隱私問題初探〉（《中央黨校（國家行政學院）》碩士學位論文，2019 年），頁 21-22。

的行為也愈來愈不為社會接受。[156]

　　以上種種在今天看來是理所當然的事，都是在當時的人，對個人的看法，或對人做某些事時的看法的小小外在改變，但疊加起來其實是深層次的徹底改觀。它們的發生的原初並不以追求“私隱”為名，但慢慢地因應自身對“己”的覺醒和要求，及與社會發展所可以提供的條件匹配（例如能有手帕、居所能有房間、單人床等等），令到“私隱”走入了生活，自自然然地成為人和生活的一部份。當“人權”觀念在西方啟蒙時期活躍起來時，人的權利隨着法理化內容的發展，私隱權成為“人權”的一部份，看來也變得自然和順理成章了。

　　有研究者就考察了“隱私”（privacy）一詞在英語的發展演變。據研究：

　　　　英語詞滙“私人”（private）或“隱私”（privacy）來自拉丁詞滙“privatus”，意為“遠離公眾生活，脫離公職，特別指個人”，早期對英語“私人”一詞的理解中含有一般消極意識（其首次文字記載可追溯到 1450 年）。19世紀末，“隱私”逐漸與法律、政治相聯繫，與現代意識和先進的文明掛鈎，被賦予極高的價值。[157]

---

[156]　此段參見 Lynn Hunt, *Inventing Human Rights: A History*, pp. 82-84.
[157]　劉暢：〈中國公私觀念研究綜述〉，載劉澤華主編：《公私觀念與

而西方以法律形式保護私隱，使法理性的私隱權概念興起，一般認為兩位美國律師，塞繆爾·沃倫 (Samuel D. Warren, 1852-1910) 和路易斯·布蘭蒂斯 (Louis D. Brandeis, 1856-1941) 在 1890 年所寫的一篇文章有巨大的影響（見延伸閱讀（五））。它最重要之處是就托馬斯·庫利法官 (Judge Thomas M. Cooley, 1824-1898) 提出的 "不被打擾的權利" (*the right to be let alone*)，提倡對侵犯私隱予以法律上的補救。[158] 亦有研究者表示，"'私隱'自 1980 年代在中國對學者和傳播媒體已成為一個流行的題目"；[159] 有關私隱權的討論，大抵亦從 1980 年左右以後才在學術界興起。[160]

延伸閱讀（五）：沃倫和布蘭蒂斯寫於 1890 年的文章

該文章為 Samuel D. Warren, and Louis D. Brandeis, "The Right to Privacy", *Harvard Law Review*, Vol. 4 No. 5 (December, 1890), pp. 193–220. Louis D. Brandeis 於 1916-1939 年期間擔任美國最高法院的大法官 (Associate Justice of the Supreme Court of the United

---

中國社會》（北京：中國人民大學出版社，2003 年），頁 390。

[158] 該文章為 Samuel D. Warren, and Louis D. Brandeis, "The Right to Privacy", *Harvard Law Review*, Vol. 4 No. 5 (December, 1890), pp. 193–220. 該文章對庫利法官的引述，見同注，頁 195。

[159] 筆者自譯。原文為 "Since 1980s privacy has become a popular topic for academics and the media in China." [Jingchun Cao, "Protecting the Right to Privacy in China", *Law Review (Wellington)*, Vol. 36 Issue 3 (October, 2005), pp. 645.]

[160] 參見曾麗潔：〈當代中西隱私權的研究及其啟示〉，《湖北大學學報（哲學社會科學版）》，2007 年 4 期 (2007 年 7 月)，頁 36："在我國大陸，對隱私權的研究是在 20 世紀 80 年代之後"。

States)。

該文章的背景是科技進步導致私隱被侵擾："即時照相和報紙產業已侵入私生活和家庭生活的不可侵犯的區域；無數的機械裝置正預示'在壁櫥的低聲耳語也會猶如在屋頂的宣佈'的預言會來臨。"原文為"Instantaneous photographs and newspaper enterprise have invaded the sacred precincts of private and domestic life; and numerous mechanical devices threaten to make good the prediction that 'what is whispered in the closet shall be proclaimed from the house-tops'." 見同注，頁 195。

布蘭蒂斯在他擔任大法官期間，在 1928 年審理一宗 歐姆斯迭德 控 美國 (Olmstead v U.S.) 的案件中，就對私隱作如下表述："不被干擾的權利是最廣泛的權利，也是自由人最珍貴的權利"。他亦表示"我們制憲先賢許諾取得有利於追求幸福的環境。他們體認一個人精神本質、他的感覺、他的才智的重要性。他們曉得在物質事物上只能找到部份生活的苦、樂和滿足。他們設法保護美國人的信仰、思想、情緒和感情。他們賦予我們不受政府干擾的權利。"[（英）格倫·格林華德著，林添貴譯：《政府正在監控你：史諾登揭密》（台北：時報文化出版企業股份有限公司，2014年），頁 224。英文原著參見 Glenn Greenwald, *No Place to Hide: Edward Snowden, The NSA, and the U.S. Surveillance State* (New York: Metropolitan Books & Henry Holt and Company, 2014), p. 172. 作者格林華德原為英國《衛報》記者，於 2013 年 6 月報導吹哨人愛德華·史諾登 (Edward Snowden) 揭露美國政府的大規模監聽計劃。此書的內容是還原揭密的經過。]

那麼，什麼是"私隱"？

雖然保護"私隱"已為國際間所普遍接受，但"私隱"並無一個受廣泛認同的定義。[161] 私隱權是人權的一部份，在聯合國大會於 1948 年 12 月 10 日通過的《世界人權宣言》，就有條文保護私隱。[162] 值得注意的是，有研究者指出私隱權成為國際上接受的人權，進入了《世界人權宣言》，比任何國家在憲法層面上納入私隱權還要早，[163] 這是很少見的，因為在國際上能達成協議，多是一些國家在成熟時機向國際倡議，而不是反向而行。[164] 但要從《世界人權宣言》的草擬過程中有關的聯合國小組會議的原始記錄，尋找為何和如何把"私隱"

[161]　參見 Oliver Diggelmann, and Maria Nicole Cleis, "How the Right to Privacy Became a Human Right", *Human Rights Law Review*, Vol. 14, Issue 3 (September 2014), pp. 441-442、Jingchun Cao, "Protecting the Right to Privacy in China", pp. 646 及香港法律改革委員會：《香港法律改革委員會報告書：有關保障個人資料的法律改革》(香港：1994 年 8 月)，頁 1。有研究者考察"私隱"的核心意義，並提出一個"基線定義"(*baseline definition*)，以求能促進什麼是"私隱"的共識，並進而對法理上的私隱權應該保護什麼及不用保護什麼促進理解，參見 Jeffrey Bellin, "Pure Privacy", *Northwestern University Law Review*, Vol. 116 No. 2 (October 2021), pp. 463-514.
[162]　《世界人權宣言》第十二條："任何人的私生活、家庭、住宅和通信不得任意干涉，他的榮譽和名譽不得加以攻擊。人人有權享受法律保護，以免受這種干涉或攻擊。"[聯合國：《世界人權宣言》。取自 www.un.org/zh/about-us/universal-declaration-of-human-rights，16-4-2023 擷取。]
[163]　該研究者亦指出，即使當時有些國家在憲法層面有保護私隱，都只是針對某些個別範疇的私隱，例如是住宅私隱、通訊私隱而不是普遍意義上的私隱。參見 Oliver Diggelmann, and Maria Nicole Cleis, "How the Right to Privacy Became a Human Right", pp. 441-442, 448.
[164]　同上註，頁 442。

放進《世界人權宣言》中，有研究者表示會相當困難，因為會議記錄並沒有這麼詳細記錄。[165]

何謂私隱，其概念較為抽象。但私隱的範圍一般指地域私隱，人身私隱、通訊私隱和個人資料私隱。[166]

相對於"privacy"，"隱私"（或"私隱"）包含"隱"和"私"二字，其字義分別為"隱藏"和"私密"。[167]"Privacy"在一民初出版的字典中的翻譯是"隱居，幽居，獨居，潛居，隱退；隱處，幽處，別墅；隱密，秘密；秘事，密事"。[168]

以此觀之，在英語中的"privacy"，和中文詞語

---

[165] 該研究者指出，在草擬《世界人權宣言》的過程中，雖然"私隱"、"私生活"等用語在不同時候的擬稿版本中都曾出現過，或曾被改／刪掉過，但沒有清晰的會議討論記錄解釋為何有這樣和那樣的改動。參見上注，頁445-448。但無論如何，該研究者指出，"從一開始時（筆者按：指從草擬宣言開始之時），私隱會以某種方式獲得保證是很清楚的，是否納入私隱條文的討論沒有發生過。"［同上注，頁443。原文為 "From the beginning, it was clear that privacy would be guaranteed in one form or another. A discussion on whether to include a provision on privacy or not did not take place."］該研究者的結論是，"整體而言，在（《世界人權宣言》）成文化的歷史圖像中，偶然擔當了一個重要的角色。"［同上注，頁457。原文為 "The codification history (of the Universal Declaration of Human Rights) offers, on the whole, a picture in which coincidence played a key role."］
[166] 參見香港法律改革委員會：《香港法律改革委員會報告書：有關保障個人資料的法律改革》，頁2。該委員會報告書為當其時的港英政府接納，其時立法局於1995年通過成為香港法例第486章《個人資料（私隱）條例》，條例並於1996年12月正式生效（個別條文除外）。
[167] Jingchun Cao, "Protecting the Right to Privacy in China", p. 646.
[168] 上海商務印書館編譯：《新訂英漢詞典》（上海：上海商務印書館，1922年），頁926。引述自操瑞青：〈觀念為什麼難以成為制度—近代中國新聞出版領域"陰私"立法的論爭與失敗〉，頁86。由此處來看，直至1922年，"隱私"（或"私隱"）看來也未普遍成為英語中的"privacy"的對譯詞。

"隱私"就不一樣了，而且"privacy"比"隱私"包含的意思豐富很多。不同的研究者都有指出，"漢語中沒有與英語'privacy'相對應的詞滙"，[169] "漢語裏不存在與英語'privacy'等值的單詞"。[170] 所以，雖然我們現在一般把"privacy"翻譯為"隱私"或"私隱"，透過翻譯把它們"等同"起來，但它們在英語和漢語的語義，是不太一樣的。

5.2 "私"、"隱"、"私隱"、"隱私"、"陰私"的意思和使用

有研究就指出：

在漢語中，"隱"和"私"先秦時期均已出現。"隱"主要是指隱蔽、隱藏。例如："天地變化，草木蕃，天地閉，賢人隱。"（原注：《易•坤》）"隱"還可以引申指隱秘之事。例如："汴州水陸一都會，俗彫錯，號難治。勉摧姦決隱為有名。"（原注：《新唐書•李勉傳》）"村人竊共疑之；集村媼隔裳而探其隱，群疑乃釋。"（原注：蒲松齡《聊齋志異•人妖》）"私"與"公"相對，主要是指個人的、自己的。《尚書•周官》："以公滅私，民其允懷。"孔傳：

---

[169] 翟石磊、李灝：〈全球化背景下的中西方"隱私"之比較〉，《河北理工大學學報：社會科學版》，第8卷第1期（2008年2月），頁111。
[170] 何道寬：〈簡論中國人的隱私〉，頁82。

"從政以公平滅私情，則民其信歸之。"[171]

另有研究就指出，在中國，"隱私"以前稱為"陰私"：[172]

......據《後漢書‧江充傳》記載，"太子（趙王太子劉丹，生卒年不詳）疑齊（江充，本名江齊，?-前91）以己陰私告王（趙敬肅王劉彭祖，?-前92），與齊忤，使吏逐捕齊，不得。"《新五代史‧朱守殷傳》亦有陰私相關記載，"（朱守殷，?-927）然好言人陰私長短以自結，莊宗（後唐莊宗李存勗，885-926，923-926在位）以為忠，遷蕃漢馬步軍都虞候，使守德勝。"[173]

亦有研究者指出：

---

[171] 朱慕華、顧軍：〈中西方隱私性話題的跨文化差異分析〉，《品位‧經典》，2020年1期（2020年1月），頁40。

[172] 有研究者表示，"'隱私'同樣是古代中國既有詞彙，但其內涵變動較大。"參見操瑞青：〈觀念為什麼難以成為制度—近代中國新聞出版領域"陰私"立法的論爭與失敗〉，頁76。該研究者沒有提出古代中國文獻使用"隱私"一詞的例子，而筆者在是次研究亦沒有找到資料印證這說法，故對此說法存疑，亦認為"隱私"以前稱為"陰私"的說法有其基礎。

[173] 吳元國：〈論隱私權〉（黑龍江大學博士學位論文，2013年），頁20。此處所引江充一事之原文，見班固撰，顏師古注：《漢書》（北京：中華書局，1962年），冊7，卷45，〈蒯伍江息夫傳第十五〉，頁2175，作者誤把《漢書》作《後漢書》。而朱守殷一事之原文，見歐陽修撰，徐無黨注：《新五代史》（北京：中華書局，2015年修訂本），冊2，卷51，〈雜傳第三十九‧朱守殷〉，頁647。

《漢書‧張敞傳》記載，京兆張敞（?-前48）"為婦畫眉，長安中傳張京兆眉嫵，有司以奏敞，上（漢宣帝劉詢，前91-前48，前74-前48在位）問之，對曰'臣聞閨房之內，夫婦之私，有過於畫眉者'。帝悟，釋而不問"。《醒世姻緣傳》第15回中對此事的評價是"雖為儒者所譏，然夫婦之情，人倫之本，此謂之正色"。[174]

　　這可見古人認為夫婦之間的私事，是人倫之本，即使是帝王也領悟到該加以尊重（或因種種原因）而不過問。

　　研究者亦指出，在宋代，《宋刑統》規定："……諸闌入宮門者徒二年。……闌入御膳所者，流三千里，……諸登高臨宮中者徒一年。……雖非闌入，輒私共宮人言語，若親為通傳書信及衣物者絞。"[175]

---

[174] 銀晟：〈人類文明中的隱私問題初探〉，頁16。此例也見於徐亮：《論隱私權》（武漢大學博士學位論文，2005年），頁31、吳元國：〈論隱私權〉，頁20。張敞畫眉之事，見班固撰，顏師古注：《漢書》，冊10，卷76，〈趙尹韓張兩王傳第四十六〉，頁3222。"眉嫵"，原文應為"眉憮"；"帝悟，釋而不問"原文應為"上愛其能，弗備責也"。

[175] 銀晟：〈人類文明中的隱私問題初探〉，頁17。所引原文，見竇儀等撰，吳翎如點校：《宋刑統》（北京：中華書局，1984年），〈衛禁律〉，頁114-124。"闌謂不應入而入者。"見同注，頁115。從"輒私共宮人言語……者絞"可見，私下議論皇室事務為非常嚴重的事情。
《宋刑統》此例也見於徐亮：《論隱私權》，頁32。該論文作者並提及"在中國古代，……從秦開始設有窺宮者斬的規定"，以保護皇族的秘密。見同注，頁32。

綜觀以上，古時中國人已有"隱私"的觀念，不能說這是西方文化獨有的。當然，這也不是說西方的"隱私"觀念和中國人的是一樣的，它們可以在概念的強弱、普遍性、側重點和根源等面向各不同。

　　那麼"陰私"又和"隱私"（或"私隱"）有什麼不同？據有研究者指：

　　　　陰者陽之反，不見陽光較暗也，凡事不公開而諱人知者皆曰"陰"。至於陰私，是指個人的私生活，涉及到兩性關係故稱為陰私。[176]

　　而"'隱私'含義較廣，是指隱藏起來不願公開的私事。所謂'私事'，既包括男女私生活，也包括當事人不願公開......的事"。[177]

　　從這裏可以看到，"陰私"雖說是"隱私"觀念以前的表述詞語，但"陰私"帶有一些負面的意味，"隱私"則中性一些，甚至乎是正面的，就正如現在很多時人們會提及請尊重私隱（或隱私）。

---

[176] 許殘翁：〈隱私與陰私〉，《法學雜誌》，1986年2期（1986年3月），頁26。
[177] 金信年：〈從一字之見想到刑、民之別〉，《法學》，1982年8期（1982年8月），頁13。

整體來說，可以如此理解 privacy（"隱私"或"私隱"）：

> 隱私（privacy），在現代英語的文義中，有隱居、（不受干擾的）獨處及秘密、私下等多種解釋；在漢語中，則指"不願告人的或不願公開的事"。社會學意義上的"隱私"一詞則體現了一種人類社會一般的公眾心理：每一個人都希望在愈來愈複雜的社會網絡中為自己保留一塊相對寧靜的、既無損於他人也無害於社會的、獨處的環境。對於這種普遍存在的社會公眾心理，我們稱之為人類的隱私意識。……

> 人類的隱私意識起源於人類羞恥心的蒙發。我們的祖先以獸皮或樹葉來遮掩身體的行為，實際上就是最原始的人類隱私意識的外現。[178]

5.3 清末民初時"私隱"觀念在中國的轉化

和"rights"翻譯成"權利"不同，在這次研究當中，沒有資料確切顯示"privacy"一字何時被何

---

[178] 聶戚、楊大飛：〈第十一章 隱私權〉，載王利明主編：《人格權法新論》，頁 469。

人在哪文獻中翻譯成“隱私”（或“私隱”）。也沒有資料顯示在清末民初討論“人權”的時候，有明顯地涉及私隱這議題。後者也許不難理解：清末民初討論“人權”的最終目的始終是因為國難當前，國家與人民都處在水深火熱之中，救國、救民迫在眉睫；“私隱”和救國、救民距離太遠，它沒有被用作為外來思想資源去激發中國人對私隱的思考，是自然不過的事情。而民初中國仍然處於軍事頻仍的狀態，軍閥割據而直至蔣介石（1887-1975）北伐成功才形式上統一起來，但不旋踵日本侵華，戰勝後又陷於內戰。在二十世紀初至中亦發生兩次世界大戰，“戰爭狀態下沒有什麼是隱私的”。[179] 私隱議題在這時候沒有受到太大關注，也是可以理解。

“隱私”（或“私隱”）一詞在哪時候在中國開始使用？有研究者指，“1873 年《中西聞見錄》首次將西方隱私觀念傳入中國”。[180] 但據筆者的考察，《中西聞見錄》由第 1 期（1872 年 8 月）至最後的第 36 期（1875 年 8 月），均沒有文章其主題和“隱私”有關。[181]

另有研究者指出，漢語中“隱私”一詞直到 20

---

[179] 銀晟：〈人類文明中的隱私問題初探〉，頁 24。

[180] 付紅安、齊輝：〈晚清民國時期隱私權與新聞自由的衝突與調適—從新聞法制的視角考察〉，頁 78。

[181] 參見張宇澄、孔慶和編：《中西聞見錄》（南京：南京古舊書店，1992 年）。筆者的方法是考察全部四冊的《中西聞見錄》的所有目錄，最接近的是在第 15 期（1873 年 10 月）的一篇〈雜記四則：隱士寓言〉，但它並不是介紹西方隱私觀念，亦和次研究主題無關。

世紀才開始出現。[182] 該研究者指這是在 1924 年的民間藝術作品中發現了“隱私”的蹤跡：

> 　　等到有一天，你真做了壞事……心裡刻刻擔驚害怕，怕有人揭穿隱私，翻出底細”［洪深（1894-1955）的《少奶奶的扇子》第三幕］。這裡的“隱私”是指個人不願公開的私事或秘密。[183]

不過，據是次研究，“隱私”一詞在 1894 年已出現，比以上所述洪深的《少奶奶的扇子》早 30 年。這是在清末民初時，報刊盛行，曾經立法規管報刊報導應否牽涉到個人“陰私”，若報導亦牽涉公共利益事宜時又該如何處理，立法過程當中多有反覆。[184] 其時有多報章強調自己不揭人“陰私”；而“隱私”一詞就出現在曾擔任《萬國公報》主筆的沈毓桂（1807-1907）筆下，他在 1894 年《辭萬國公報主筆啟》一文中就提到該報的宗旨：

> 　　……不敢攻訐隱私，存厚道也；不敢顛黑白，存直道也；更不敢借之以相傾軋，以自標

---

[182] 朱慕華、顧軍：〈中西方隱私性話題的跨文化差異分析〉，頁 40。
[183] 同上注。此例也見於銀晟：〈人類文明中的隱私問題初探〉，頁 24。有關洪深的《少奶奶的扇子》，參見方冠男：〈洪深的愛美劇和出走的娜拉—1924 年《少奶奶的扇子》的三重歷史觀察〉，《東方藝術》，2017 年 23 期（2017 年 12 月），頁 95-100。洪深是中國的著名劇作家，被譽為“中國現代話劇的奠基人”。見同注，頁 95。
[184] 參見操瑞青：〈觀念為什麼難以成為制度—近代中國新聞出版領域“陰私”立法的論爭與失敗〉，頁 74-87。

榜……"。[185]

其後（1897 年），也有報館章程強調"毀謗官長，攻訐隱私，不但干國家之律令，亦實非報章之公理，凡有涉於此者，本館概不登載"。[186]

不過，筆者認為"隱私"這詞在那時可能也不是慣用詞，至少"陰私"一詞仍然很通用。例如有研究者便指出在 1926 及 1930 年時，《大公報》有兩則關於外界來稿，均要求不涉"陰私"。[187]

那麼，較具負面意義的"陰私"一詞，如何過渡到較具中性，甚至乎具有正面性的"隱私"一詞，[188] 作為"privacy"一字的對應詞？

---

[185] 沈毓桂：〈辭萬國公報主筆啟〉，《萬國公報（上海）》，第 61 期（1894 年 1 月），頁 2。

[186] 操瑞青：〈觀念為什麼難以成為制度—近代中國新聞出版領域"陰私"立法的論爭與失敗〉，頁 77。

[187] 該研究指出："1926 年《大公報》徵稿啟事同樣表明，'歡迎社外投稿，但使不涉個人陰私'；1930 年的《大公報》還發表題為《敬告讀者》的社評文章，再次要求外界來稿'但使態度公正，不涉陰私'"。參見操瑞青：〈觀念為什麼難以成為制度—近代中國新聞出版領域"陰私"立法的論爭與失敗〉，頁 78。轉引自〈本報投稿〉，《大公報》，1926 年 10 月 10 日、〈敬告讀者〉，《大公報》，1930 年 6 月 1 日。

[188] "隱私"一詞帶有正面性是因為它具備應要或要被尊重的價值觀。需要強調的是，"隱私"帶有正面性並非絕對，要視乎所牽涉的場域。例如巴林頓‧摩爾（Barrington Moore Jr，1913-2005）就指出在一個人類學的研究，研究者以"參與者的觀察"方式（participant observation）研究愛斯基摩人的某部落。研究者對於部落對其無時無刻、無微不至的噓寒問暖感到非常不自在，覺得毫無私隱。但後來她發現這是該部落的文化，該部落對於有異常行為的人會大幅減少社交接觸，也即是有異常行為的人會"享有"更多的"私隱"（或獨處），但這其實是一種懲罰。在該部落的生活方式，獨處代表了人作為人的自然活動減少，也代表了失卻平日生活的意義和目的，故此獨處帶來更多的不愉快。而且獨處對該部落的愛斯基摩人生活在那嚴酷的環境（包

有研究者做了一個非常好的考察。[189] 該研究者以清末 1911 年頒行的《欽定報律》的制定過程與民初大理院的司法解釋、民國時期《出版法》的修訂風波，結合分析《中國人民政治協商會議共同綱領》中的公德條款、《民法通則》的司法解釋所提供的場景，並進而連結《大公報》和《人民日報》對當時社會輿論的報導，展示了"隱私"概念在 20 世紀初在中國的流變。[190]

簡單而言，當其時（1911 年）清政府頒行《欽定報律》，其中第 11 條有規定"損害他人名譽之語，報紙不得登載，但專為公益不涉陰私者，不在此限"。[191] 圍繞該法第 11 條是否保留"陰私"規範，引起了爭議。研究者就從立法過程中，透過不同的派別對"公益"和"陰私"的界限、範圍和規範

括天氣、有限資源、野外危險等等），都會帶來危險，所以"私隱"並不是他們所重視的價值。參見 Barrington Moore Jr, *Privacy: Studies in Social and Cultural History* (New York: M.E. Sharpe, 1984), pp. 4-9.

[189] 盧震豪：〈從"陰私"到"隱私"：近現代中國的隱私觀念流變〉，頁 31-45、192。應注意的是，這個研究的重點是"陰私"的觀念如何在清末民初時流變到"隱私"的觀念，而不是說"陰私"這個詞語在清末民初時如何被"隱私"一詞替代。

[190] 1949 年 9 月 29 日通過的《中國人民政治協商會議共同綱領》在第 42 條中規定："提倡愛祖國、愛人民、愛勞動、愛科學、愛護公共財物為中華人民共和國全體國民的公德"。該研究者是以此為視角，認為社會公德觀念在這裏和政治公德話語（例如"愛祖國"）整合了，把"公德"放了在一個很高的位置，擠壓了"私德"，結果是"公德"決定了"私德"。同上注，頁 41-42。

大理院是北洋政府時期的最高司法機關。同上注，頁 35。

[191] 與 1906 年出台的《大清印刷品專律》、1908 年頒行的舊的《大清報律》相比，1911 年頒行的《欽定報律》中上述第 11 條屬於新增條款。同上注，頁 33。

都各有意見而出現的角力，[192] 分析出為官者由於其行為多被認為和公益有關，結果是官員在被批評的用語中，"陰私"與"隱私"趨同於貶義，因為政治公德、社會公德視角都很容易和自然地滲透進對官員的批評，故此官員的"隱私"很容易被認為是"陰私"，比普羅大眾的"隱私"的事情更具"公益"性，不應限制（或過於限制）報導。

但在 1930 年代國民政府修訂《出版法》時，又出現了類似的爭拗。該研究者亦考察了當中的過程。由於受到那時一宗報導名伶的私生活，導致該名伶不堪壓力而自殺的影響，《出版法》曾經出現一個版本，嚴屬限制出版關於私人和家庭事件。該研究者進而認為，出版或報導即使是涉及普羅大眾的"陰私"的事情，很多都不會與"公益"有關，這些極其量只是公眾對公眾人物（例如名伶）有興趣的事情，是他們的"私德"事情，政治公德和社會公德視角進入不了"私德"的範圍。由此，該研究者認為"私德"概念可能承接了外國話語"privacy"的權利觀念，使具有正面性的"隱私"概念得以落

---

[192] 不同的派別包括立憲派議員、保守派議員、軍機處和大理院等。《欽定報律》施行後不久，軍機處被皇族內閣取代，後者不久後也隨着清帝遜位而被歷史淘汰。於清朝頒行的《欽定報律》於民國被延續適用。而大理院就於 1913 年 3 月 26 日發出一個司法解釋，來闡釋前述第 11 條所說的"不涉陰私"。同上註，頁 35。

實，並且從貶義的 "陰私" 中剝離。[193]

[193]　同上注，頁 31-36。
1935 年 7 月，南京國民政府立法院通過了修正後的《出版法》，其第 21
條規定 "關於個人或家庭陰私事件，不得登載"。但是，這部法律並沒有公
佈生效，而是後來經過了重新修訂，直到 1937 年《出版法》才得以通過生
效。同上注，頁 40。
該研究者認為 "阮玲玉案" 對 1935 年 7 月通過的《出版法》帶來了一定的
影響。"阮玲玉案" 發生於 1935 年 3 月。是指電影明星阮玲玉 (1910-1935)
與其前夫，以及其同居男友的情感糾葛和法律官司被傳媒大肆報導，結果
阮玲玉不堪輿論壓力，自殺死亡。阮玲玉的死亡，引起大眾的同情，也引
起了輿論對《出版法》的關注。結果在 1935 年 7 月通過了修正後的《出
版法》，它上述的第 21 條便嚴屬限制出版關於私人和家庭陰私事件。不
過，研究者表示後來因應批評（主要是認為事關全體利益的報導，個人利
益的考慮也必須犧牲），結果在 1936 年 11 月，又通過了重新修訂《出版
法》，徹底刪除了之前的第 21 條（換句話說，法律沒有禁止登載私人和家
庭陰私事件）。這在在顯示了 "私德"（個人主義）為了政治公德（全體主義）
作出了犧牲。同上注，頁 40-41。

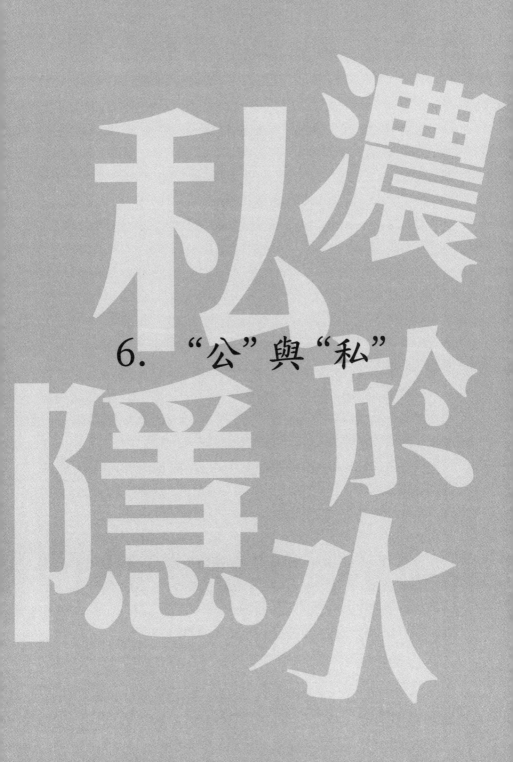

6. "公"與"私"

6.1 從 "公" 與 "私" 的視角看私隱觀念

筆者認為，要探究 "私隱" 從何而來，可以從人作為人類，在最簡單的社會中的最根本的需要去考慮。若在一個只有一個人的 "社會"（例如一個獨居在孤島上的人），那是沒有所謂 "私" 與 "公" 的分別，[194] 因為一切都是 "私"，一切都是 "公"。一個人無法迴避自己，在這情況下談不上 "私隱" 這回事，也沒有任何所謂的保護或侵害私隱，因為 "公"、"私" 根本無從分辨。

但當這個 "社會" 有兩個人，"公" 與 "私" 的分野會自然發生。視乎這兩個人的關係（經濟或 "社會" 關係，無論是敵對的、友好的或是完全分開的，只要相互知道 "社會" 裏有別人存在），若兩人抱持 "一加一大於二" 的共融世界觀，兩人可能較願意互動，包括互相來往、相互進入甚至乎逗留在另外一人的地方或住處、相互通訊、交流思想、互相幫助，亦可能更願意分享自己的秘密訊息，總之就是令大家活得更好；這等較友好的 "社會" 關係，可能令牽涉到 "公共"、"平分"、"共用"、"共享" 的意義的 "公" 的空間擴大，和來得較明顯和多；而對牽涉到需要現代意義上的 "公共權力" 的 "公"，以作為有強制性的機制去解決爭拗或衝突的迫切性和需要性會較低，因為這個 "兩個人的社會" 仍大致上可以依賴

---

[194] 是次研究範圍不包括探討那一個人從何而來，因為這涉及其它更複雜的哲學或神學問題。

二人的關係去解決紛爭。

但若兩人（或其中一人）抱持"有你冇我、有我冇你"的互相排斥、惟我獨享的零和世界觀，兩人的互動可能會很少，甚至於無，包括很少或絕不到另一方的地方或住處、少溝通甚至乎老死不相往來，更莫論交流思想或互相幫助（又或者可能有互動，有溝通等等，但大都以敵對，不拼個你死我活不罷休的取態對待對方）。在這情況下也難期望雙方會分享自己的私密訊息，總之要自己過活過得好，但同時絕不讓別人好過，深怕別人活得好就會對自己不利（無論對方是什麼世界觀的）；這等較敵對的"社會"關係，自然令"私"的空間無限擴大。在這情況下，在"公共"、"平分"、"共用"、"共享"的意義上的"公"的空間會較少（除非二人願意合作解決紛爭）；亦視乎二人是否願意合作解決紛爭，否則在現代意義上的"公共權力"的"公"亦較難產生，即使產生了亦較難發揮作用。

總體而言，私隱的相關性和重要性對兩人而言要視乎這兩人在"社會"中的關係。

在這"兩個人的社會"，這兩個人最根本的需要仍是生存。人類作為物種，下一個需要便是繁衍。若二人（假設此二人為男女）能及會繁衍，在這社會的第三個人便會是子或女。這樣便產生了下一個根本需要，就是"養"和"育"，這無論是中國人的社會或西方社會也屬必然。而"育"就使人類有別於野獸；透過"育"，每個人發展出他／她自己的人格。在這過程中，他／她不被無理的打擾或干涉，有他／她自己可以控制的空間，去以他／她認為合適的方法與方式（和不無理打擾或干涉別人，或侵擾別人的空間）成就自己，讓自己成為一個自己想成為（而又不侵害別人）的人，這便是"不被打擾"(*to be let alone*) 的要義了。

以上的分析其實也適用於分析"人權"的本質。在一個一個人的"社會"（例如是一個獨居在孤島上的人），他既享有一切的"權利"，而他的"權利"也不會被任何人所侵害。所以實際上，在那情境下的"人權"是無從談起的。只是在有了人與人之間的關係（或隨着人口眾多而需要有管理群體時出現的人與社會或人與政府關係），有了需要解決人與人有衝突時的強制性機制，"人權"才具備實質意義，因為那時才會出現個人的"權利"是否、應否和可否為着群體的利益而"犧牲"、讓步或侵擾，這才產生"人權"的問題。由此而觀之，"人權"和"私隱"都是社會性的，就正如有研究者認為："人權並非在自然之中。它是人在社會的權利。"[195] "人權"和"私隱"的由來、本質、普遍性和側重點都受到自身社會的內在關係、發展、結構和思想所影響而

---

[195] 筆者自譯。原文為 "[Human rights] are not the rights of humans in a state of nature; they are the rights of humans in society." [Lynn Hunt, *Inventing Human Rights: A History*, p. 21.]

各有重點。

　　但需要清楚說明一點，說"人權"和"私隱"是社會性的關係，牽涉到人與人、人與團體、人與政府和人與社會的關係，並不等同於抹殺人的自然性。這是因為即使在一個"一個人的社會"，那人仍然可以自由決定（或自由地不決定）是否要生存好一點、長時間一點而作出相應的努力（或不努力），那人有權自由決定怎樣生存（或不生存）。只不過任何決定都不會影響別人，也沒有任何其它人會影響那人的決定（或不決定），或其決定（或不決定）的自由。所以沒有，亦不需要現代意義的"權利"、"權力"、"免受侵權"或"需要保護權利"可言，但那人仍然是一個具備自由意志的個人。就此而言，那人的"自由意志"、"權利意志"、"權力意志"和其生存，都是處在自然的狀態。不能說有了社會便沒有了這自然的狀態，只能說"人權"展現在諸如價值觀、社會制度和法律中，是社會性關係和前述的自然狀態的交疊、互動、相互融合和互相滲透的總和；這個總和各處不同，社會性中有自然性，在自然性中也有社會性。不同的社會有不同的展現，同一個社會在不同時間也會有不同；總體來說，既在動態中維持平衡，亦在平衡中維持動態。

　　人類學的研究可以讓我們了解"私隱"在早期人類社會的存在情況。有對於部落社會的相關研究表明：

......由於社會形態處於原始社會階段，人們主要的生存狀態和獲取生存資料的方式是採集漁獵。這個時候一個家庭往往生活在同一個空間內，在這一空間內，空間內的所有人並不存在著現代意義上的 "隱私"。在這樣的生存狀態下，對人類生存本能中最為私密的：即進行性行為時是否具有私密性進行調查，就可以得到這一時期 "隱私" 的存在情況。[196]

有調查涉及 25 個部落社會，就他們居住空間的類型，選擇他們進行性行為的意願地方（室內或室外）。結果如表 1 所示。[197]

表 1 25 個部落社會因應其居住空間的類型所寧願進行性行為的地方
(Preferred location for Intercourse in 25 Societies as a Function of Type of Living Quarters)

	單獨家庭或有獨立房間 (Private family dwelling or partitioned rooms)	無間隔共住家庭 (Unpartitioned multiple dwelling)
室外 (Outdoors)	3	9
室內 (Indoors)	12	1

[196] 銀晟：〈人類文明中的隱私問題初探〉，頁 18。
[197] 表 1 引述自 Clellan S. Ford, and Frank A. Beach, *Patterns of Sexual Behaviour* (New York: Harper & Brothers, 1951), p. 71.

從表 1 來看，可以有以下的觀察。

第一，以上的人類學調查對象是部落社會，不是純西方人。[198] 調查結果顯示，在不同的居住空間，絕大部份部落社會寧願在私隱度較高的地方進行性行為。（在 15 個居住空間是單獨家庭或有獨立房間的部落社會，12 個寧願在室內進行性行為。在 10 個居住空間是沒有間隔的共住家庭的部落社會，9 個寧願在室外進行性行為。）這顯示了"私隱"並非是西方文化獨有（因調查對象並非純西方人），而"私隱"在人類的原始行為當中，很可能是一種本能，因為只要環境、空間許可，絕大部份的部落社會，都寧願在私隱性較高的地方進行性行為。

第二，雖則如此，部落社會寧願選擇私隱性較高的地方進行性行為並不是絕對的。（在 15 個居住空間是單獨家庭或有獨立房間的部落社會，仍然有 3 個寧願選擇在室外進行性行為。在 10 個居住空間是沒有間隔的共住家庭的部落家庭，仍然有 1 個寧願在室內進行性行為，以百分比計為 10%，數字雖不算高，但肯定是一個不能忽略的比例。）[199]

---

[198] 表 1 的來源並無列明該 25 個部落社會的所屬地。但據筆者利用該書作者所述的研究方法、研究資料的涵蓋範圍和在提述表 1 時的內容，筆者分析出該 25 個部落社會的所屬地域為大洋洲 8 個、歐亞大陸 4 個、非洲 2 個、北美洲 4 個和南美洲 7 個。參見 Clellan S. Ford, and Frank A. Beach, *Patterns of Sexual Behaviour*, pp. 8-10, 68-71. 值得注意的是，該研究者亦有提及福爾摩沙（今台灣）的原著民並寫道："在夏天，一些福爾摩沙原住民，只要沒有孩童在附近，會在戶外及公眾地方進行性行為。" 原文為 "In the summer-time some Formosan natives copulate out of doors and in public, provided there are no children around." 見同注，頁 68。

[199] 除表 1 外，可參見 Barrington Moore, Jr, *Privacy: Studies in Social and*

由此可以推斷，在部落社會（其社會形態較原始）的人類性行為當中，"私隱"雖然很可能是人類的原初本能，但它的屬性是社會性的，它很受環境、空間（及其制約的因素）所影響。而每個社會的環境、空間條件都不同，"私隱"的展現和其展現模式都會有所不同是很自然的；也就是說"私隱"在不同的社會之間沒有一個客觀的、單一的或劃一性的硬標準也是自然的事，縱然"私隱"在不同社會之間都很有可能是其社會成員的原初本能。

第三，有兩個部落社會解釋了為何寧願在室外進行性行為（而他們是居住於獨立家庭中），有一個相信在屋內進行性行為會導致貧窮，另一個表示掌控財富的女神也住在屋內，在屋內進行性行為會激怒祂。[200]

Cultural History, p. 68 所述另外的部落社會在沒有私隱的情況下進行性行為的例子。該頁提及的例子，是關於"在一個約 500 平方呎的空間，有多至約 50 個吊床，基本上沒有私隱可言，在夜間或在小屋內發生性行為也大為減少。在單一個吊床，可能有四至五人擠迫在一起，因為年少的兒童也常和父母睡在同一吊床。除了這些障礙，在夜間總有人來來往往，有的在哄小孩、有的在煮食、有的在小便或排便。但性行為在吊床仍有發生，即使那吊床的環境並不有利於調情。"原文為 "Much less intercourse takes place at night or within the hut, where privacy is almost unavailable, since as many as fifty hammocks may be hung in the space of five hundred square feet. Young children also commonly sleep in their parents' hammock, with the result that as many as four or five people may be crowded together in a single hammock. In addition to these obstacles, people are up and down most of the night, quieting children, cooking, eating, urinating, and defecating. Yet coitus does occur despite the fact that the hammock itself is hardly conducive to amorous dalliance ...".

[200] 筆者自譯。有關的原文為 "Two tribes,..., advance a different curious reason for using the forest rather than the house for their sexual engagements. These people live in single-family dwellings and no lack of privacy accounts for their reluctance to copulate indoors, but they believe that coitus in the house will result in poverty. [One tribe] believe that sexual

亦可以參考另一個例子，就是魯迅（周樹人，1881-1936）與其伴侶許廣平（1898-1968）的情書合集《兩地書》。[201]《兩地書》在 1933 年出版，它是魯迅和許廣平在 1925 至 1929 年間兩人的書信往來。[202] 在 1932 年，魯迅和許廣平因應當時商業出版情書很成功（及其它原因如希望影響對他們的感情關係竊竊私語的好事之徒），遂決定把他們的書信出版。為求能以他們所希望的公眾形象出現，魯迅（亦相信有與許廣平商討）對情書的內容做了大量的改動，包括刪除、重寫或加入長的段落。而因魯迅後來聲名大噪，原來的書信在 1980 年代出版。[203] 這就提供了機會讓人比較書信在改動前後的異同。

有研究指出，"在比較原來的和出版的書信版本，可以見到魯迅的編輯干預所生發的'個人空間'，在內容上、功能上和價值觀上，基本上和現代西方

activities have an adverse effect upon the accumulation of wealth and it is within the dwelling that all objects of values are kept. [Another tribe] say that the goddess of wealth resides in the dwelling and would be annoyed by the proximity of a copulating pair." [Clellan S. Ford, and Frank A. Beach, *Patterns of Sexual Behaviour*, p. 70.]

[201] 許廣平是魯迅的學生，兩人後來相戀並同居。

[202] 公開的書信分三段時間。第一段時間是 1925 年 3 月至 7 月，當時魯迅與許廣平在上海頻有交往，後來在當年秋天成為一對戀人。第二段時間是 1926 年 9 月至 1927 年 1 月，其時魯迅和許廣平分隔二地，分別在廈門和廣東工作。第三段時間在 1929 年 5 月至 6 月，其時魯迅和許廣平已在上海一起居住，許廣平懷孕當中而魯迅短暫離開上海往北京探其母親。參見 Bonnie S. McDougall, "Functions and Values of Privacy in the Correspondence between Lu Xun and XuGuangping, 1925-1929", in Bonnie S. McDougall, and Anders Hansson (eds.), *Chinese Concepts of Privacy*, p. 148.

[203] 此部份參見上注。

研究對‘私隱’的一般理解是不相上下，相當類似的”。[204]

　　一個例子就是關於 1925 年 3 月許廣平到魯迅家中探訪。許廣平在隨後的書信中稱魯迅的工作兼臥房為“秘密窩”；但在出版的書信中，“秘密窩”被改為“尊府”。這個很可能是因為魯迅在 1932 年時，認為在 1925 年當許廣平仍然是一個學生，在與老師的書信中以“秘密窩”稱老師的居室可能是太親暱了。[205]

　　綜合以上人類學對部落社會的研究和近代魯迅與許廣平怎樣改動他們的書信以便出版，可以看到“私隱”是一種社會性的關係，是牽涉到人與人、和／或人與社會的關係。正如前述，“私隱”牽涉到個人對自己的空間（包括例如物理性和精神性）的安寧的私密性、獨處性和自主性，能否和能夠自我控制的程度，和一己不受他人不必要的干涉。這就涉及“己”與“非己”的關係，也就是“私”與“公”的關係。

---

[204] 筆者自譯。原文為 "A comparison between the original letters with the published versions shows that the 'personal space' created by Lu Xun's editorial interventions corresponds closely in content, functions and values to what is generally understood by 'privacy' in contemporary Western studies." 同上注，頁 148-149。

[205] 筆者自譯。原文為 "... where in a letter written immediately after a visit to Lu Xun's home in March 1925, Xu Guangping refers to his studio-bedroom as a *mimi wo* [secret nest]: this is changed in *Letters between Two* to *zun fu* [honourable residence] ... It is likely that in 1932 Lu Xun thought that *mimi wo* sounded too intimate for a student to use in correspondence with her teacher about his domestic arrangements." 同上注，頁 152。

6.2 "公"與"私"在中國

中國人傳統中的"崇公抑私"由來已久（"公"與"私"的背反對立由來見延伸閱讀（六））。

延伸閱讀（六）："公"與"私"的背反對立由來

關於"公"與"私"作為在內容上背反對立的意思，應要留意有研究者指出："'公'字的本義，可能是對人的尊稱，最早是稱呼部落的首領，後稱貴族和諸侯。而'私'，一開始並不與'公'相對，它的出現較晚，應是隨著私有權（允許佔有禾）的產生而產生的。"參見王中江：〈中國哲學中的"公私之辨"〉，《中州學刊》，1995年6期（1995年11月），頁64。

亦有其它研究者持類似觀點："……不用說殷周時代，就是戰國時代前期也找不到這種內容上背反對立的成對的公·私概念。……在金文中，只有'公'字作為尊稱的用例而沒有'私'字的例子……也就是說，公與私本來不一定是成對的概念，至少在文獻上，是各自單獨使用的，而且'公'的用例遠遠多於'私'。它們作為一對對立的概念開始使用是到了《荀子》的時候，而《韓非子》繼承了《荀子》，將這種背反對立的公私概念體系化，可以說是初期的創成者。"參見（日）溝口雄三著，鄭靜譯，孫歌校：《中國的公與私·公私》（北京：三聯書店，2011年），頁44-45。所以，"私"之初並非起源於個體觀念。

關於對"公"、"私"二字作字義構形溯源，亦參見劉暢：〈中國公私觀念研究綜述〉，載劉澤華主編：《公私觀念與中國社會》，頁 366-370。

　　"公" 的道德正當性，從中國人傳統如何看一個理想社會便可見一斑。《禮記・禮運》當中就是這樣來描述中國人的烏托邦式社會：

> 　　大道之行也，天下為公，選賢與能，講信修睦。故人不獨親其親，不獨子其子，使老有所終、壯有所用，幼有所長。矜寡孤獨廢疾者皆有所養。男有分，女有歸。貨，惡其棄於地也，不必藏於己；力，惡其不出於身也，不必為己。是故謀閉而不興，盜竊亂賊而不作，故外戶而不閉，是謂大同。[206]

　　這裏的大同社會的描述，是涉及人與其它人的關係作為根本，其精神為 "我為人人"，以社會整體的美好生活來顯現，而並不是以個人，或個人的個性追求作為單位。大同社會並不以人追求他自己的福祉作為理想和目標，也不認為社會的經濟利益和財富應由少數人所私有，應該由社會成員共同佔有。大同社會的理想和目標是要人人都令到別人，

---

[206] 引述自劉中建：〈"崇公抑私" 簡論〉，載劉澤華主編：《公私觀念與中國社會》，頁 355。所引原文，參見沈芝盈編輯，樓宇烈整理：《康有為學術著作選 孟子微；禮運注；中庸注》（北京：中華書局，1987 年），頁 239。

尤其是弱勢需要關顧的人，得到福祉，讓人人都各得其所，各享其分。這就賦予了“公”幾近最高的道德性、價值性和正當性。令到“公”有差不多絕對的褒義性：大公無私、“公天下”、公理、公義、公平、公正、公道等等，比比皆是。[207] 而大同社會的基本原理便是無私。

而且，這種大同理想，也滲透到政治秩序當中，因為大同理想是在“賢”、“能”之士主持下實現的。聖王治天下也是以“公”為先，不能“私天下”；天地惠澤萬物，會是和應是普遍性的，而不會，也不應偏於一類或一物。《呂氏春秋·貴公》就這樣說：

> 昔先聖王之治天下也，必先公，公則天下平矣，平得於公。嘗試觀於上志，有得天下者

---

[207] 有研究者亦指出，法家雖然把君主絕對化，“但也主張天下國家和法律，是‘公’，不能化為私人所有。《商君書·修權》認為，統治者‘為官於天’，不是為了把天下私有，而是為天下而為官。……《管子·法法》明確指出，‘君不私國’。”參見王中江：〈中國哲學中的“公私之辨”〉，頁64。又例如法家說：“凡立公，所以棄私也”。(原注：《慎子·威德》)、“任公而不任私”(原注：《管子·任法》)、“居官無私，人臣之公義也”(原注：《韓非子·飾邪》)、“私怨不入公門”(原注：《韓非子·左儲說左下》)。引述自同注，頁66。這些例子都顯示法家認為“公”、“私”界限分明和對立，“私”絕不能亦絕不應影響“公”。
有關儒法公私觀的比較，參見劉寶才、王長坤：〈儒法公私觀簡論〉，載劉澤華主編：《公私觀念與中國社會》，頁40-54。
另外，道家也是反對“私天下”的。《莊子·應帝王》就說：“……順物自然，而無容私焉，而天下治矣。”引述自(日)溝口雄三著，鄭靜譯，孫歌校：《中國的公與私·公私》，頁51。莊子說：“嚴乎若國之有君，其無私德；繇繇乎若祭之有社，其無私福。”(原注：《莊子·秋水》)、“道者為之公”(原注：《莊子·則陽》)、“公而不黨，易而無私”(原注：《莊子·天下》)。引述自王中江：〈中國哲學中的“公私之辨”〉，頁66。老子說：“容乃公、公乃全”(《老子·第十六章》)。引述自王中江：〈中國哲學中的“公私之辨”〉，頁66。

眾矣，其得之以公，其失之必以偏。凡主之立也，生於公，……天下非一人之天下也，天下之天下也。陰陽之和，不長一類；甘露時雨，不私一物；萬民之主，不阿一人。……天地大矣，……萬物皆被其澤，得其利……[208]

在個人層面，中國人的儒家傳統思想也要求人的自我發展，要以"及人"的角度去看。"己欲立而立人，己欲達而達人"（原注：《論語·雍也》），"己所不欲，勿施於人"（原注：《論語·衛靈公》），都是反映這種思想的例子。

而對於"私"的貶義，也可見於"……上好曲私，則臣下百吏乘是而後偏……"（原注：《荀子·君道》），[209] 說的是若君主行事不公平不公正，貪求自己利益，則其下的大臣官吏只會更乘勢變本加厲偏私。"私"之應該消亡於"公"，亦可見於"為人臣者，主耳忘身，國耳亡家，公耳忘私"。（原注：《漢書·賈誼傳》）、[210] "天無私覆、地無私載"（原注：《禮記·孔子閒居》），[211] 表示了萬物整體自然渾成一體的整全性。

---

[208] 引述自（日）溝口雄三著，鄭靜譯，孫歌校：《中國的公與私·公私》，頁49。所引原文，見許維遹著：《呂氏春秋集釋》（北京：北京市中國書店，1985年），上冊，卷一，〈貴公〉，頁15-18。
[209] 引述自（日）溝口雄三著，鄭靜譯，孫歌校：《中國的公與私·公私》，頁251。
[210] 同上注，頁9。
[211] 同上注，頁48。

從以上看，可以見到"私"是要被和應被克服的，它是背離"公"的，所以是"惡"。既然"公"有其道德性、價值性和正當性，"私"背離"公"即是不道德、無價值和不正當。一切涉及"私"的基本上都是貶義的：私相授受、自私自利、"私天下"、私心、私自等等，比比皆是。"公"既然滲透進倫理關係和政治秩序，它們自然也排斥"私"。

但在明、清之際，"私"的觀念抬頭。李贄(1527-1602) 曾說：

> 夫私者，人之心也。人必有私，而後其心乃見。若無私，則無心矣。如服田者，私有秋之獲，而後治田必力；居家者，私積倉之獲，而後治家必力；觀為學者，利進取之獲，而後舉業之治也必力。故官人而不私以祿，則雖召之，必不來矣；苟無高爵，則雖勸之，必不至矣。雖有孔子之聖，苟無司寇之任、相事之攝，必不能一日安其身於魯也決矣。此自然之理，必至之符，非可以架空而臆說也。然則為無私之說者，皆畫餅之談，觀場之見，但令隔壁好聽，不管腳跟虛實，無益於事，只亂聰耳，不足採也。(原注：李贄：《德業儒臣後論》，《藏書》卷三十二)。[212]

---

[212] 引述自王中江：〈明清之際"私"的彰顯及其社會史關聯〉，載劉澤華主編：《公私觀念與中國社會》，頁170。轉引自李贄：〈藏書·卷

李贄以上所說的，有研究者就清楚表示李贄：

> 把"私"規定為"心性"的本質，使"私心"
> 和"心私"具有同質性。由於"心性"是人之所
> 以為人的根本，所以把"私"納入到人的"心性"
> 之中，不僅使"私"獲得了正當性，而且"心性"
> 也在與"私"的結合中得到了新的意義。[213]

這是一個對"私"傳統以來的貶義帶來極大的
轉化。"私"既是自然，又是實際；那麼人對自身
利益的考慮和追求，就是人的先天本性，有這樣後
天的作為，亦很正常和平常，在人世間有整體普遍
性，即使是孔子（前551-前479）也不例外，兼
且"私"亦帶來裨益。這裨益不純然指私利如耕作
之獲，它帶來的裨益滲透至個人（"為學者"）、為治
理家以至於國，這就為"私"帶來了正當性和價值，
甚至乎某種的道德性，亦把"私"合理化地帶進了
公平、公利、正義和正道的境地，具有倫理和政治
的面向。同時地，以往"無私"的觀念就被抨擊為
脫離現實，是盲目空想，且不應畫餅充飢，只求說
來好聽，而其實無益於事。這把"公"和"私"的對
立性大為消滅，把它們的距離大為縮小，這是"私"
在中國傳統觀念中很重要的轉化。當然，這並不是

三十二・德業儒臣後論〉，載李贄著：《藏書》（台北：台灣學生書局，
1974年），下冊，頁544。
[213] 王中江：〈明清之際"私"的彰顯及其社會史關聯〉，載劉澤華主編：
《公私觀念與中國社會》，頁170。

說 "公" 的道德理想被放棄了，而是 "私" 的觀念和地位獲得提升，令到 "私" 與 "公" 的相對關係被重新思考；直到現在，中國人整體上仍然對 "天下為公"、"大公無私" 等等推崇備至，對 "假公濟私" 等等深惡痛絕。

其它在明末清初時期提出的，例如呂坤 (1536-1618) 的 "人欲自然之私（原注：《呻吟語》卷五）" [214]、顧炎武 (1613-1682) 的 "合天下之私，以成天下之公（原注：《日知錄》卷三）"、[215] 黃宗羲 (1610-1695) 的 "以我之大私為天下之公"，[216] 都在在把 "私" 合理化、正當化，是建立 "公" 的基本元素，這亦賦予 "私" 一定程度的道德性、價值性和正當性。

這和當時手工業和商品經濟的發展分不開。[217] 長久以來在中國四民（"士、農、工、商"）社會階層中敬末的 "商"，在當時的地位大為提高，令到 "私" 的道德性、價值性和正當性，得到提升。簡單來說，社會經濟形態改變，帶來新的人與人、人與社會的關係，令到人的觀念也產生變化。

---

[214] 引述自（日）溝口雄三著，鄭靜譯，孫歌校：《中國的公與私‧公私》，頁 57。

[215] 同上注，頁 58。

[216] 同上注，頁 62。

[217] 參見王中江：〈明清之際 "私" 的彰顯及其社會史關聯〉，載劉澤華主編：《公私觀念與中國社會》，頁 177、余英時：〈士商互動與儒學轉向—明清社會史與思想史之一面相〉，載余英時著，沈志佳編：《余英時文集》，第三卷，《儒家倫理與商人精神》（桂林：廣西師範大學出版社，2004 年），頁 162-212。

到了清末民初，在經濟觀念中，"自營謀利"（或曰"開明自營"）的觀念很盛行。[218] "自營"就是"私"的意思。這種經濟層面的"私"，與"合私以為公"的觀點結合起來，打通了"私利"與"公利"；另一方面，政治層面的"權"、"權利"、"人權"，又多以"民權"一詞出現，"民權"亦與"國權"掛上鈎。"公"和"民"有同質性，它們以至於"國"，是由"人"作為單元合眾組成。這就令到"人"、"私"、"利"、"權"透過"合"，打通"民"、"國"、"公"，與當時思想家和知識份子想通過"強"以"衛國保種"，[219] 全部聯繫起來了。

綜合而言，明末清初所注重的"私"，由主要是"指個人欲望與私有產權"，[220] 到清末所謂的"公"，"更增加了國民對於一個現代國家的認同（identity）之意涵"。[221] 滿清在中國非主族，在清末內外政腐敗的情況下，逐漸被剝離於"公"，被認為是"私天下"，所以革命要"驅除韃虜、恢復中華、創立合

---

[218] 參見范新尚：〈清末民初公私觀探析—以自營謀利觀為視角〉，《黑龍江史志》，2014年11期（2014年8月），頁218、劉暢：〈中國公私觀念研究綜述〉，載劉澤華主編：《公私觀念與中國社會》，頁382。
[219] "衛國保種"取自孫中山：〈同盟會革命方略 軍政府宣言〉，載秦孝儀主編：《國父全集》，第一冊，頁235。〈同盟會革命方略〉乃"丙午年（筆者按：即1906年）東京同盟會本部所編制⋯⋯"。參見同註，頁254。
[220] 黃克武：〈從追求正道到認同國族：明末至清末中國公私觀念的重整〉，頁378。此研究對由明末至清末三百年間中國思想界對公私議題的討論，和當中傳統思想與西方思想的轉化和調適，有很詳盡和透徹的分析。
[221] 同上註，頁379。

眾政府"也是自然、合理不過的事情。[222]

---

[222] "驅除韃虜、恢復中華、創立合眾政府" 引述自 1894 年 11 月 24 日
的〈檀香山興中會盟書〉。參見孫中山著,孫中山研究學會、孟慶鵬編:《孫
中山文集》(北京:團結出版社,1997 年),下冊,頁 927。根據馮自由的
回憶,興中會的"創立合眾政府",和 1905 年同盟會入黨盟書上的"創立民國"
意義相同:"同盟會四大綱領者何?即乙巳(民國前七年)[筆者按:即 1905 年]
同盟會入黨盟書上所載之'驅除韃虜、恢復中華、創立民國、平均地權'四事
是也。在同盟會成立前十一年[筆者按:即 1894 年]之興中會,其入黨誓
辭為'驅除韃虜、恢復中華、創立合眾政府'三事。當時,有人譯英文之民主
政治(Republic)為合眾政治。故興中會同盟書所用'創立合眾政府'一語,與
同盟會盟書上所用'創立民國'之意義相同。其不同者,則為興中會盟書無'平
均地權'四字。考孫總理最初採用此四大綱領為革命黨入會誓辭,實在乙巳
[筆者按:即 1905 年]同盟會成立前之二年癸卯[筆者按:即 1903 年]。"[馮
自由:《馮自由回憶錄:革命逸史》,上冊,頁 458。該書介紹馮自由為孫
中山的機要秘書,蔣介石的國策顧問。]

7. "人權" 觀念的轉化
對 "私隱" 觀念的啟示

7.1　思想轉化與時代背景

從“人權”觀念於清末民初在中國的轉化，可以觀察到對私隱觀念有如下的啟示。

在清末民初的救國、救民的背景下，它並沒有帶來西方的私隱觀念，包括私隱權觀念。這是不奇怪的；畢竟，強化的私隱觀念或私隱權，很難和救國、救民扯上關係，兩者距離很遠，基本上說不通。更何況西方的現代法理上的私隱權觀念﹝以 1890 年美國兩位律師，沃倫和布蘭蒂斯的“不被打擾的權利”(*the right to be let alone*) 為代表﹞，也只是在清末時才在美國出現。

但應注意的是，在美國引起“不被打擾的權利”的背景，和在清末民初時討論《欽定報律》，以及《出版法》有很類似的地方。沃倫和布蘭蒂斯就在他們的文章批評，

> ......新聞媒體在任何方面都已經嚴重超越正道和合宜的界限，八卦新聞......儼然成為一個行業，被大力和厚顏無恥的追捧。為了滿足好色的口味，每日的報章各欄都散播着性關係的訊息。為了令無所事事的人有其寄託，新聞報導充斥著沒完沒了的八卦消息，都是從侵擾別人家庭生活而取得。......就正如每一個商業行業，供應會刺激需求；每一批不得體的八卦

新聞，又與其流量成正比，催生更加多的八卦新聞報導，結果社會標準和道德便隨之而降低。......[223]

而有研究者便指出，在清末時的報章，已有很多攻訐陰私的難題：

> 早在 1898 年，《申報》便發表《整頓報紙芻言》一文，細數彼時報業的諸多陋習，積極尋求變革。其中表示，"甚至發人陰私，索人瘢垢，藉端要挾，百計傾排，使人懲之無可懲，辯之無可辯，不得已而賂以重賄，以期掩飾彌縫......"。[224]

這顯示當時中文報界積習已久的弊端，和沃倫及布蘭蒂斯所提及的報界壞風氣不遑多讓。

但中、西方對這問題的處理思路不盡相同。沃倫

---

[223] 筆者自譯。原文為 "The press is overstepping in every direction the obvious bounds of propriety and of decency. Gossip ... has become a trade, which is pursued with industry as well as effrontery. ... To satisfy a prurient taste the details of sexual relations are spread broadcast in the columns of the daily papers. To occupy the indolent, column upon column is filled with idle gossip, which can only be procured by intrusion upon the domestic circle. ... In this, as in other branches of commerce, the supply creates the demand. Each crop of unseemly gossip, thus harvested, becomes the seed of more, and, in direct proportion to its circulation, results in a lowering of social standards and of morality." [Samuel D. Warren, and Louis D. Brandeis, "The Right to Privacy", p. 196.]

[224] 操瑞青：〈觀念為什麼難以成為制度—近代中國新聞出版領域"陰私"立法的論爭與失敗〉，頁 77。

及布蘭蒂斯提出的路徑是以法律作為手段，去保護私隱並在其受侵擾時得以濟助。前提是承認、尊重個人空間的重要性，是突顯個人作為主體的自主和自由，不應受到不合理的侵擾。清末民初的《欽定報律》和《出版法》的討論，它更多的面向是個人名譽權（關心一個人的聲名相對於別人所認識的而有所損耗），而不盡是個人私隱（關心的是人作為人能自由、自主控制其空間及其私密性的）。而且，在清末民初的討論，"公益"考慮明顯地在整個討論佔據重要的地位，但沃倫及布蘭蒂斯並不把重點放在這裏。講到底，清末民初的討論是圍繞着人與人、人與政府和人與社會的關係。沃倫及布蘭蒂斯的討論更多是圍繞彰顯人自身控制他的自由、自主和價值，和如何避免自身被侵擾。中、西兩方可能面對類似的氾濫的八卦新聞報導和揭人陰私，但他們應對問題的思想方向、重點和方法是大不相同的。

雖然現在的社會狀況與清末民初時期的情況完全不同，但西方的人權觀念在當時中國的轉化，可以合理推論私隱觀念或私隱權在中國的發展，都必須以中國內部變遷為基礎。

7.2　中國內部的社會調查

在這方面，一個有關中國內地公民政治心理的調查，在 1987 年及 2016 年問及受訪者同樣的問題：受訪者是否同意個人的私生活，政府不應干預；
以及受訪者是否同意，雖然損害他人利益，但他人
沒有要求政府干預的事，政府不應干預。這問題可
以揭示中國社會在經歷改革開放三十年間，民眾對
政府在公民私生活面前的權力界限的看法，這個看
法和民眾如何看待"私隱"或"人權"都很有關係。

這條問題的調查結果如表 2 所示。[225]

表 2 中國公民關於政府在公民私生活面前的權力界限的看法

你是否同意		2016 年 公民 5,954 人	1987 年 公民 1,731 人
	選項	百分比	百分比
個人的私生活， 政府不應干預	同意	82.4%	68.25%
	不同意	17.6%	31.75%
雖然損害他人利益，但他人沒有要求政府干預的事，政府不應干預	同意	42.3%	39.08%
	不同意	57.7%	60.92%

[225] 表 2 引述自何玉芳、張艷紅：〈改革開放 30 年中國公民政權認知取向變化研究—基於 1987 年和 2016 年對中國公民政治心理狀態的調查與分析〉，《西部學刊》，2018 年 4 期 (2018 年 4 月)，頁 6。表 2 比較原表只是簡化了沒有顯示各個選項的人數，因為筆者認為表 2 包括了樣本總數目和各選項的人數百分比已經足夠。表 2 所列有關 1987 年的數字，亦可參見閔琦：《中國政治文化：民主政治難產的社會心理因素》(昆明：雲南人民出版社，1989 年)，頁 186。該書對 1987 年建立新中國之後第一次進行的中國公民的政治心理調查，提供了詳盡的調查結果和分析。若對 1987 年的調查只需要較簡單的分析和數字，可參見李依萍：〈中國公民政治心理調查〉，《改革》，1988 年 6 期 (1988 年 6 月)，頁 150-156。

調查顯示，在 1987 年的調查中，有 68.25% 的被調查者對政府不應干預個人私生活表示同意；到了 2016 年，已有 82.4% 的人表示同意，呈明顯上升趨勢。30 年間同意的人數上升了 14.15 個百分點，而不同意者則下降了 14.15 個百分點。這說明了社會過往三十年，民眾明顯地對私隱或人權越來越重視和關注，也說明了民眾對自身的私隱和人權的要求明顯提升。

而公民對於"雖然損害他人利益，但他人沒有要求政府干預的事，政府不應干預"的態度（同意或不同意），與 1987 年的調查相比變化相對輕微，有關數字有著顯著的穩定性。這可以理解為在文化大革命之後，民眾對於公共權力在公民私生活前必須有所界限已有較成熟的認識和要求，故此有關數字呈現了相當的穩定性。

在 1987 年的調查中，還有一點值得注意的是有關中國公民對公民權的需求指向。這部份要求受訪者從 14 個公民權的選項中，依次排列"目前最關心的"、"認為最重要的"和"認為最不容易得到的"。該項調查結果列於表 3。[226]（表 3 數字愈小者代表排列次序愈高。）

---

[226] 表 3 見閔琦：《中國政治文化：民主政治難產的社會心理因素》，頁 183。

表 3 中國公民對公民權的需求指向（1987 年調查）

	下列公民權中，哪些是你		
	(a) 目前最關心的？	(b) 認為最重要的？	(c) 認為最不容易得到的？
1 選舉權與被選舉權	4	2	4
2 言論自由	2	3	3
3 出版自由	11	9	6
4 結社自由	13	13	7
5 集會遊行自由	12	12	2
6 宗教信仰自由	14	14	12
7 人身自由、人格尊嚴	1	1	9
8 隱私權	9	10	10
9 住宅不受侵犯	7	8	12
10 通信自由	10	11	13
11 批評、控告、申訴、檢舉權	8	7	5
12 勞動權、就業權	3	4	8
13 對政府的批評權	6	6	1
14 受教育權	5	5	11
樣本數	1,394	1,385	1,351

結果顯示，"隱私權"在 14 項權利中於這三條問題分別排第 9、第 10 和第 10。換句話說，在改革開放進行了約 10 年時，"隱私權"在民眾的關心程度和重視程度，都比較低，但似乎又認為私隱權不算很難得到。這可以理解為民眾當年對"隱私權"不太關心和不太重視，連帶對"隱私權"是什麼亦未必很深入了解，故此對"隱私權"是否容易或困難得到可能不甚了了。當年的調查亦顯示，當受訪者被問及對"隱私權"實現狀況的評價時，有 51.70% 選擇"好"，有 32.72% 選擇"不好"；餘下的約 15.58% 的受訪者對於"隱私權"實現的狀

況是"說不清楚",這也側面反映了有相當多的受訪者對"隱私權"的了解有限。[227]

1987 年表 3 的調查結果亦顯示,"人身自由、人格尊嚴"在"目前最關心的"和"認為最重要的",均排列第一,雖然受訪者認為在"認為最不容易得到的",它排名只是第 9,並不算太難得到。這可以理解為在 1987 年時,社會政治環境比起文化大革命 10 年間好了很多,故"人身自由、人格尊嚴"普遍獲得尊重。但 10 年文化大革命始終對人身自由、人格尊嚴有極嚴重的踐踏,即使在開放改革後進行了約 10 年時間,國人仍然對該項公民權極為關心和認為重要。

亦應注意的是,在西方一般認為重要的幾項公民權利,例如"出版自由"、"集會遊行自由"、"結社自由"和"宗教信仰自由",國人對它們的關心程度,在 14 項公民權中排列很後(分別排第 11、第 12、第 13 和第 14)。重要程度排名也不高(分別排第 9、第 12、第 13 和第 14)。這在在顯示了國人對公民權的重點,似乎和西方一般強調的很不一樣。雖然如此,仍然有一些公民及政治權利,例如"言論自由"、"選舉權和被選舉權",國人都對它們很關心(分別排第 2 和第 4),也認為它們重要(分別排第 3 和第 2),而且也不太容易得到(在"認為最不容易得到的"分別排第 3 和第 4)。

---

[227] 有關數字參見上注,頁 89-90。

還有一點應該注意的，是社會及經濟權利例如"勞動權、就業權"、"受教育權"，國民的關心程度處於相對高的位置（分別排第 3 和第 5），而國人也認為它們很重要（在"認為最重要的"，分別排第 4 和第 5），但看來國人認為它們不太難得到（在"認為最不容易得到的"分別排第 8 和第 11）。這可以看到在一些國人相當重視的社會和經濟權利，國人的需求看來大致得到回應。

　　由於沒有資料顯示 2016 年的調查有提出表 3 所述的問題，故此無法與 1987 年的數字作出比較。但綜合以上所述，"隱私權"（或普遍而言"人權"）會隨着社會、政治和經濟的發展而有不同的呈現，是有基礎的看法。

　　而另外一些調查，也有值得關注的地方。例如於 2000 年 6 月在一所位於華中南部的省級大學的二年級學生的調查發現，[228]"對隱私構成最大威脅的來源，依次為父母、同學、朋友及鄰居、傳媒、學校和僱主。有小部份人視商業利益和竊賊為威脅來源，但政府則從無被提及，先進科技也只有一名受訪者提及。"[229]

---

[228] 參見 Bonnie S. McDougall, "Privacy in Contemporary China", pp. 140-152. 調查有 162 名受訪者，當中 86 人（53%）主修英語，61 人（38%）主修外貿或旅遊，15 人（9%）是審計人員。本科生大概 19 至 20 歲，有些審計人員則年紀大些。大部份本科生和審計人員是年青女性。一些主修外貿或旅遊的學生和大部份的審計人員，均已獲分派工作。參見同注，頁 141-142。

[229] 筆者自譯。原文為 "The major source of threats to privacy were seen to be parents, followed in order by fellow-students, friends and neighbours,

雖然上述的調查的代表性有限，[230] 當年的科技也不如今天般無孔不入地滲透到每個人的各方面的生活中，令到每人的數碼足跡無時無刻都被大量收集、存儲、分析、使用和彙編；但調查結果一個很值得注意的地方，是和西方一般認為人權（包括私隱權）主要是一種保護個人不受其它團體或機構（特別是政府）侵擾的觀念不同，這個調查的受訪者並不認為政府是侵擾隱私的主要威脅。反而，與受訪者關係愈密切的人或機構，似乎對隱私帶來的風險愈大。

　　這並不是孤立的調查結果，於 2023 年發佈的一個關於中國人和西方人在提述隱私時的語境、場景和對象的跨文化的數位研究中，就指出了幾個中、西方在提述隱私時的不同之處（見延伸閱讀（七））。[231] 中國人提述隱私時，多涉及人與人之間的相互關係，故此隱私的處理很多時是很場景性

---

the media and school authorities and employers. Other commercial interests and thieves were seen by a small number as threats, but the government was not mentioned at all, and advanced technology was mentioned by only one respondent." 同上注，頁 145。有關隱私威脅的來源的量化回應中，父母佔了 46.25%。同上注，頁 152。研究沒有分析為何父母是隱私威脅的來源（以及為什麼那麼多受訪者也有同樣回應）。不過，研究當中的一些質化回應，可能提供少許端倪。例如有受調查者表示，"整體而言，在小時候是沒有隱私。當長大了，便有了多些隱私"。同上注，頁 148。

[230] 例如研究者已提及受訪者並不構成隨機樣本，亦不足以代表在國內受教育的年青人。同上注，頁 141。

[231] 參見 Yuanye Ma, "Relatedness and Compatibility: The Concept of Privacy in Mandarin Chinese and American English Corpora", *Journal of the Association for Information Science and Technology*, Vol. 74 No. 2 (February 2023), pp. 258–260.

的，及依賴當事人的個人判斷；這有別於西方人在提述隱私時，隱私多被認為是為了保護個人，免他們受到團體或機構（特別是政府）侵擾。在中國人的隱私場境中，很少提到對政府機構的憂慮，雖則他們和西方人一樣，都對先進科技帶來的隱私風險感到憂慮，而西方人對先進科技憂慮之餘，還比中國人更普遍地憂慮科技巨擘。

延伸閱讀（七）：中、西方在提述隱私時的不同之處

中、西方在提述隱私時的不同之處，參見 Yuanye Ma, "Relatedness and Compatibility: The Concept of Privacy in Mandarin Chinese and American English Corpora", *Journal of the Association for Information Science and Technology*, Vol. 74 No. 2 (February 2023), pp. 249-272.

這是一個以數位方法，研究中國人（指用普通話者）和西方人（指用美式英語者）在 2010-2019 這 10 年內，透過新聞報導和社交平台的分析，考察中、西方提述隱私時的語境、場景和對象。正如該研究者指出，數位方法由於選材本身的限制、研究當中選用的統計參數和假設等等原因，研究的結果不應視為定論。參見同注，頁 260。但這個跨文化調查的結果仍然很值得注意。

例如，該研究結果顯示，"隱私"在國人的語境中，常出現於關於個人的事情，喻示"隱私"多表達在個人事情的場域中。但在英語的語境中，"privacy"一字多反映使用者對兩種機構導致隱私憂慮的語義，那兩種機構是商業公司和政府組織。參見同注，頁 257。對國人來說，"隱私"多被認為是人與人之間的事情，並且是高度場境性。但在英語場境中，"privacy"就多被認為是針對機構，特別是政府組織，而 "privacy" 就是用以保護個人的。參見同注，頁 258-259。

另外，亦有研究者透過在中國內地社交媒體平台 "新浪微博" 提取語料庫（超過 18,000 帖文），分析使用 "隱私" 的語義。調查結果亦顯示 "隱私" 一詞多與和社會關係的詞彙聯繫上。換言之，與 "隱私" 聯繫上的字詞，多與形容社會角色的字詞（例如媽媽、老婆、上司、朋友及同事）出現。參見 Elaine J. Yuan, Miao Feng, and James A. Danowski, " 'Privacy' in Semantic Networks on Chinese Social Media: The Case of Sina Weibo", *Journal of Communication*, Vol. 63 Issue 6 (December 2013), p. 1017. 該研究者認為，"......在新浪微博上表達的隱私觀念，很多時並非服務於一己的身份的自我獨立、控制和選擇，而大多時是表達於一些與關係、角色主導和性別有關係的場域。在新浪微博上的隱私提述，和責任、情感、釐定角色和維持關係扯上聯繫的，與聯繫上權利、資料和人與人之間的界限控制一樣多。"見同注，頁 1024。該研究者隨之亦結論，"……對一己的意義，正從新冒起場域的社會及公共領域中新的社交形式體驗，而對隱私的憂慮，亦包含反映這些新場域中社交的模式。"見同注，頁 1028。

再有一個在 2020 年發佈的以人類學方法進行的研究，該研究在中國中南部就 26 名內地青年（有男性和女性），以及 25 名較年長來自鄉村的女性，調研他們在網上的日常生活行事與隱私的關係。調查結果顯示，內地青年因經濟和社交可望得益的理由，仍然願意承受網上隱私可能受到侵擾的風險（例如被"人肉搜尋"）。調查亦顯示社會關係在構築隱私感知和行為，有重要的作用；以及在中國文化中，隱私的界限是模糊的，而且會隨着和不同的社交圈子內的人的親密程度不同而有差別。在某一圈子內被認為是個人隱私的，在別的圈子可能不成隱私。參見 Yini Wang, Mark Balnaves, and Judith Sandner, "Shameful Secrets and Self-Presentation: Negotiating Privacy Practices Among Youth and Rural Women in China", *SAGE Open*, Vol.10 Issue 1 (January, 2020), pp. 9-10.

7.3 隱私："關係自主"為主導？

這就帶出一個觀察。中國人的隱私觀念，"關係自主"的程度是否影響"隱私"權利的重要因素？

若如此的話，這種隱私觀念，和西方的"不被打擾的權利"觀，要在與社會、政府、團體和其它人之間留有自己可自主的自由空間去追求、發展或伸延自己的個性（或者可以說是"公"與"私"之間的界線），便代表了非常不同的路向和路徑。伸延下去，這代表隱私的價值面向、內容、體現形式與場域、關切點和保護方法等等，中、西方都會很不同。[232]

有研究者就表示，在"關係"中的差等秩序影響了所涉及的人，在相互的交往中可以享受隱私的程度：

---

[232] 這種以關係導向思考隱私觀念，參見 Yuanye Ma, "Relational Privacy: Where the East and the West Could Meet", *Proceedings of the ASIST Annual Meeting*, Vol. 56 Issue 1 (October 2019), pp. 196–205. 該研究最主要的一點，就是認為"......'關係隱私'可以作為東方人的隱私觀念概念化的起點。'關係隱私'可標誌東方隱私觀的特點，因為它順應着東方儒學中對人的概念就在'關係'這基礎上。再者，'關係隱私'可作為橋樑，駁通儒學中對隱私的潛在概念和最近在西方女權運動哲學中的隱私概念。"原文為" ... that the conception of *relational privacy* can be used as a starting point for conceptualizing an Eastern understanding of privacy. *Relational privacy* is what an Eastern conception of privacy can be characterized as for it aligns with the conception of *person* in Eastern Confucianism as being *relational*; moreover, *relational privacy* could serve as a bridge between potential conception of privacy under Confucianism and the most recent advancement of the conception of privacy in Western feminist philosophy." 參見同注，頁 196。雖然該研究者在引文中提及"關係隱私"可作為橋樑駁通西方女權運動哲學中的隱私概念，但筆者綜觀其研究，似乎未有重點針對分析西方女權運動哲學的相關隱私概念。反而該研究者對"關係隱私"的論述，似乎並不受性別影響，筆者傾向認為其有普遍適用性。
該研究亦提出西方自由主義中的個人自主、自由和自我控制的思想觀，愈發受到科技發展的挑戰；因為隨着科技發展，個人愈來愈無法自主控制其個人資料。但"關係隱私"概念就把隱私放在"關係自主"的視角，而不是個人自主的視角。"關係自主"視人"嵌入"於社會之中 (*socially embedded*)，"人"有其社會屬性 (*social embeddeness of a person*)，而"關係自主"視自主性為一種能力 (*competency*)，可以是場域性的，亦是可以發展的。參見同注，頁 197-199。

......在中國傳統文化，個人隱私是顯現於階層分明的場景：在社會及經濟階梯較高的人，可以相對於那些在階梯較低的人，享有很多隱私，反之則不然。例如，在一個鄉村社區，地主可以進入貧窮佃農的家而無須顧及其隱私，但相反的情況則無法想像。但是，當在其它場境面對更具權勢的人如本地鄉紳或審判官，地主的隱私特權，就會少了或甚至乎不存在，這視乎兩者在地位上的差異的程度。這就似在日常生活中"社會面子"的運作，當事人一般都知另一涉事人的面子有多"大"。[233]

以"關係"作為社會倫理秩序以至於政治秩序在中國人的文化來說並不是陌生事物。"關係"甚至乎是中國人思想的"底流"層。有研究者便指出：

---

[233] 筆者自譯。原文為"... individual privacy in traditional Chinese culture existed in a hierarchical context: social superiors could enjoy privacy in relation to those who were ranked lower socially and economically, but not vice versa. This is because privacy was not a legal right but a flexible privilege, the boundary of which varied according to one's social status in specific contexts. For instance, a landlord in a rural community could enter a poor tenant's home without any concern for the latter's privacy; but the opposite was unthinkable. However, when facing more powerful local gentry or a magistrate in another context, the landlord's privilege of privacy was less or even nonexistent, depending on the degree of status difference between the two parties. This is like the operation of social face in everyday life, and the actor normally knows how "big" the other party's face is ...". 參見 Yunxiang Yan, "Domestic Space and the Quest for Privacy", in Yunxiang Yan, *Private Life under Socialism*: *Individuality and Family Change in a Chinese Village, 1949-1999* (Stanford, California: Stanford University Press, 2003), p. 137. 上述研究在內文的"研究回顧"已提及。它以中國某鄉村的房屋重建和屋內佈局的改變，探究村民如何理解"隱私"。

在西方，"權利"的概念被認為理所當然地植根於人類世界當中，是由獨立的個人就其責任及人格各自確立而成。傳統儒學與大部份其它中國思想一道，並不認為個人是倫理或政治秩序的基礎單元。反而，它們從關係及由關係引發出的職責和角色建立理論，儒學思想家強調相互責任……"。[234]

亦有研究者分析，

……與西方的團體格局不同，中國傳統社會是一種差序格局："以'己'為中心，像石子一般投入水中，和別人所聯繫成的社會關係……像水的波紋一般，一圈圈推出去，愈推愈遠，也愈推愈薄"。[235]

該研究者繼而指出：

[234] 筆者自譯。原文為 "The conception of rights in the West takes for granted that the human world is made up of independent individuals whose duties or personhood can be independently assessed. Classical Confucianism, along with most other Chinese schools of thought, denies that the basic unit of ethical or political assessment is the individual. Instead, theorizing begins from relationships and roles within relationships. Confucian thinkers stress reciprocal responsibilities …": [Stephen C. Angle, and Marina Svensson, "Rights and Chinese Thought", pp. 3-4.]

[235] 曹融、王俊博：〈論明末清初的公私觀念及其現代啟示〉，《社會科學家》，2017 年 2 期 (2017 年 2 月)，頁 30。轉引自費孝通：《鄉土中國 生育制度》(北京：北京大學出版社，1998 年)，頁 27。

對於關係親疏遠近不同的他人，自己所採取的標準是不同的。對於關係較為疏遠的人，自己對他的態度是冷漠甚至是忽視的。而對於關係較為親近的人，自己則是把他看作"自家人"，把他的事看作"自家事"，採取的是深度參與乃至包辦的態度。對於關係較為密切的人，自己與他人之間的界限是模糊的，在某些極端情況下甚至會消失。人與人之間越親密就越熟悉，而熟悉的人之間是依靠信任來維繫關係的。親疏遠近的不同，是區分信任程度乃至信任與不信任的標準。達到了熟識的程度，也就形成了人與人之間的"規矩"。規矩是不必明言的，它是長期在一同生活的人們在熟悉的氛圍中自然形成的禮俗。[236]

　　這就形成了中國人的隱私觀（或廣而言之人權觀），是放進了生活中的"關係"處去看和處理，而"關係"一般而言有差等，做成與西方的人權觀（包括隱私觀）中的"平等"觀念很不同；當"關係"中的差等秩序會影響當事人之間享受的隱私程度不對等，亦導致和西方的"不被打擾的權利"，個人要能自主地與團體、政府或社會保持空間距離以致於不遭受不必要的干涉的觀念很不同。

　　這樣就歸結到"私"與"公"的界限的問題。在

---

[236] 曹融、王俊博：〈論明末清初的公私觀念及其現代啟示〉，頁30。

上文所曾引述的，無論是明末清初或是上世紀中國內地改革開放後，"私"因私營經濟轉趨發達而抬頭（相對於"公"而言），而在改革開放後，"隱私"的觀念和追求也加強了。

那麼除卻經濟因素外，還有哪些因素可能影響將來私隱權的發展？筆者認為這仍然要回歸到有什麼因素會影響"私"和"公"的相對道德性、價值性和正當性。從中國人的文化和社會結構看，"公"的最重要組成元素，和最大的潛在"對手"，同時也是"家"本身的組成和結構，因為中國人的倫理秩序是起始於家，即使是政治秩序，源遠流長的帝皇世襲制也如"家天下"般。在儒家的思想，"孝悌也者，其為仁之本與"（原注：《論語・學而》）。在中國的傳統文化，"不孝有三，無後為大"（原注：《孟子・離婁上》）；但隨着愈來愈多人對生命的價值和追求，不一定以有沒有結婚、有沒有後嗣作為美滿或完整的人生目標，單身或只結婚而不育兒便普遍很多了。[237] 另外，生育是否只屬於已結婚女性可享有的"權利"，在中國內地已有女士在法院提出挑戰，這在在顯示中國人對"家"的觀念，也並非長久不變。[238]

---

[237] 根據內地官方公佈，中國內地在 2022 年的結婚登記量是 683.3 萬對，創下自 1986 年以來公布結婚數據的歷史新低。內地結婚數量的最高峰在 2013 年，有 1346.93 萬對。換句話說，內地結婚數量在 9 年間下跌 49.3%。參見香港星島日報：〈內地結婚人數創 37 年新低〉，2023 年 6 月 13 日，頁 A14。當然，結婚數量下跌有很多原因，例如人口結構變化，或經濟因素等等。

[238] 中國內地首宗單身女性凍卵案據報於 2023 年 5 月 9 日在北京二審，法院未當庭宣判。當事人（時年 30 歲）認為生育是女性的權利，她在 2018 年

7.4　科技發展與國家方向

　　但以上的現象對"公"與"私"帶來的影響，如有的話都只會是很長遠和緩慢的。筆者認為科技發展的因素值得重視，特別是數碼生活的發展。

　　由於科技的突飛猛進，虛擬世界已和人類的現實世界接軌，線上線下的生活，無論從社交、娛樂、工作甚至乎醫療等，都愈來愈趨近無縫對接。人類的生活，已不只限於在實體世界，透過虛擬世界也能得到發展和滿足（無論是各種感官性的、經濟上的或社會性的），具備了某一程度的價值性和正當性。對能夠掌握科技的人而言，科技可以更有效地克服地域、時間差的問題，可以令人更快和更容易地創作（例如透過生成式人工智能），可以令人免卻從事刻板和重複性的事務，提升人獨立或協作所想或所需要完成的事情，結果是人的自主性得到提升。元宇宙甚至乎可賦予人類在不同的虛擬場域，得到在實體世界所不具備的身份而產生自我認同，這在在都和"私隱"有密切的關係（無論是因為個

向北京某婦產醫院提出凍卵要求，但因單身未婚遭拒絕，故提出訴訟。該案在 2019 年 2 月和 2021 年 9 月先後兩次一審開庭，法院於 2022 年 7 月判當事人敗訴，原因是"非基於醫療目的，也不符合計畫生育政策"。參見香港經濟日報：〈首宗單身凍卵案女事主盼掌生育權〉，2023 年 5 月 10 日，頁 A15。至於這會加強還是會削弱"家"的觀念，現在無法定論，但其所展示對"家"的概念，肯定與傳統的大不相同。

該案亦參見中國青年報：〈"單身女性凍卵案"當事人：無論案件勝負，仍將堅持自己的路〉。取自 www.baijiahao.baidu.com/s?id=1765467062569544711&w-fr=spider&for=pc，27-6-2023 擷取。根據該報導，當事人受訪時表示："我希望通過自己的例子告訴大家，婚姻也許並不是通向幸福的唯一途徑。可以把更多的時間、更多的精力放在自我成長上面。在成為誰的妻子或者誰的母親之前，要先成為自己。"見同注。筆者認為，這是個人自主色彩非常濃厚的表述。

人的數碼足跡要被大量甚至乎過度收集、分析、使用、彙編、保留等等才能令虛擬世界運作精準，還是正因為這等原因而導致被人詬病的"網上無私隱"的現象）。

個人追求虛擬世界的發展，大體而言也是"私"的追求。但在追求虛擬世界的發展，不會和不能純然從網絡自由角度出發，它亦會同步帶來"公"的需要。這是因為虛擬世界的活動，令到人和人的"關係"，以致於人和政府、人和社會仍然會有衝突的可能，有些更可以很容易引起對人甚至乎更大的實質傷害（例如盜用身份、網絡騙案、網絡霸凌等等），[239] 其它如散佈針對性政治廣告、網絡攻擊（特別是針對關鍵性信息基礎設施）等等，更可能導致社會性或政治性的嚴重後果（事例見延伸閱讀（八））。故此，要"私"能有所發展，網絡生態和環境也需要力量去維護它的健康，及作出強制性介入以防範、平息及懲治網上衝突和罪行，甚至乎包括國際間無硝煙的戰爭（就正如實體社會所需要的一樣）。

---

[239] 一個曾於 2023 年年中被媒體報導的例子：武漢市有六歲小童在校內被老師駕車碾軋，搶救無效死亡。小童的母親事後視頻受訪，但據報因衣服光鮮優雅，言辭冷靜而被網民大肆抨擊。結果，小童母親疑不堪壓力，墮樓身亡。參見黃國樑：〈武漢小學生遭老師撞死後母親疑似遭網暴後也跳樓身亡〉，《聯合新聞網》，2023 年 6 月 3 日。取自 www.udn.com/news/story/7332/7210283，19-6-2023 擷取。

延伸閱讀（八）：散佈針對性政治廣告或網絡攻擊導致嚴重後果的事例

以下列舉二例以作說明：

（一）2018 年 3 月，英國劍橋分析公司 (*Cambridge Analytica Ltd*) 及相關公司，被報導透過社交平台臉書公司（時稱 *Facebook Inc*; 後改稱為 *Meta Platforms Inc*)收集及分析大量的用戶資料，然後進行針對性的政治廣告宣傳，涉嫌影響了 2016 年英國留歐或脫歐的公民投票和同年的美國總統選舉。概括而言，相關的公司透過一個在臉書社交平台約有 270,000 用戶下載使用的第三方應用程式，在未有用戶的臉書朋友 (*Facebook friends*) 同意的情況下，透過該第三方應用程式把用戶連帶他們的臉書朋友的數據也一併收集，據報約 5,000 萬名用戶的個人資料被收集、彙編和分析。參見 Sam Meredith, "Here's everything you need to know about the Cambridge Analytica scandal", *CNBC*, 23-3-2018. From www.cnbc.com/2018/03/21/facebook-cambridge-analytica-scandal-everything-you-need-to-know.html, retrieved 2-7-2023.［筆者按：根據後述的英國資訊專員辦公室 (*Information Commissioner's Office*) 於 2018 年 11 月 6 日發佈的一份報告中的頁 31 所述，臉書公司公佈過一份受影響用戶所處的國家和地方的完整名單，並估計被採集數據的全球臉書用戶約為 8,700 萬。由於這個數字是臉書公司的估算，筆者認為它的準確性較前述的 5,000 萬較高。］

就此事件，英國國會下議院的數碼、文化、傳媒和體育委員會 (*The Digital, Culture, Media and Sport Committee of the House of Commons*) 就大型科技公司傳播假資訊進行調查，舉行了一系列的聽證會，並於 2019 年 2 月 18 日發出 "假資訊及假新聞：最終報告" *(Disinformation and 'fake news': Final Report)*。參見 Digital, Culture, Media and Sport Committee of the House of Commons of the UK Parliament, "Disinformation and 'fake' news: Final Report". From www.publications.parliament.uk/pa/cm201719/cmselect/cmcumeds/1791/1791.pdf, retrieved 2-7-2023.

數碼、文化、傳媒和體育委員會在公佈報告時的新聞摘要，便提及 "……[臉書公司]願意凌駕用戶的私隱設定，以把數據轉移予一些應用程式開發者……"（原文為 "... [Facebook Inc] was willing to: override its users' privacy settings in order to transfer data to some app developers; ..."）、"[一相關公司的]工作突顯了一事實，就是數據以往及現在仍被私人公司廣泛使用，針對人們以影響他們的決定，很多都是用在政治場景中。"（原文為 "The work [of a company] highlights the fact that data has been and is still being used extensively by private companies to target people, often in political context, in order to influence their decisions."）參見 Digital, Culture, Media and Sport Committee of the House of Commons of the UK Parliament, "Press summary - Disinformation and 'fake' news: Final Report". From www.committees.parliament.uk/committee/378/digital-culture-media-and-sport-committee/news/103668/fake-news-report-published-17-19/, retrieved 2-7-2023.

針對此事件相關的資料控制者是否有違規處理個人資

料，有關的美國和英國的監管機構也分別作出調查。

美國的聯邦貿易委員會 (*Federal Trade Commission*) 於 2019 年 7 月 24 日宣佈向臉書公司施以破紀錄的 50 億美元罰款（及其它限制），作為臉書公司與聯邦貿易委員會對它的指控達成和解。聯邦貿易委員會指控臉書公司 "……欺騙了用戶有關於他們可以控制個人資料私隱的能力，違反了聯邦貿易委員會於 2012 年向臉書公司發出的相關命令"。（原文為 "…violated a 2012 FTC [筆者按： 即 Federal Trade Commission] order by deceiving users about their ability to control the privacy of their personal information". 參見 Federal Trade Commission, "FTC Imposes $5 Billion Penalty and Sweeping New Privacy Restrictions on Facebook". From www.ftc.gov/news-events/news/press-releases/2019/07/ftc-imposes-5-billion-penalty-sweeping-new-privacy-restrictions-facebook, retrieved 14-1-2024.)

英國的資訊專員辦公室 (*Information Commissioner's Office*) 在 2018 年 11 月 6 日發佈一份關於使用數碼分析於政治競選活動的調查報告。當中值得注意的是，資訊專員在報告中提到，"我們可能永遠不知道人們在英國有關歐盟的全民投票，或美國的競選選舉中的投票取向，究竟有沒有在不知情的情況下受到影響。但我們肯定知道，個人私隱權利被一些參與者傷害了，而數碼化的選舉生態系統需要改革"。（原文為 "We may never know whether individuals were unknowingly influenced to vote a certain way in either the UK EU referendum or the in US election campaigns. But we do know that personal privacy rights have been compromised by a number of players and that the digital electoral eco-system needs reform". 參見 Information Commissioner's Office, "Investigation into the use of data analytics in political campaigns - A report to Parliament (6 November 2018)", p.4. From ico.org.uk/action-weve-taken/investigation-into-data-analytics-for-political-purposes/, retrieved 14-1-2024.) 這說明了以數據分析作出針對性的政治廣告宣傳，對傳統的選舉生態帶來一定的衝擊。資訊專員辦公室並向臉書公司 "發出事發時仍生效的數據保障法例所容許的最高罰款 50 萬英鎊，理由是臉書公司就採集數據缺乏透明度及有安全問題，違反了 1998 年數據保障法 (*Data Protection Act 1998*) 下的第 1 和第 7 條數據保障原則"。(原文為 "...issued Facebook with the maximum monetary penalty of £500,000 available under the previous data protection law for lack of transparency and security issues relating to the harvesting of data. We found that Facebook contravened the first and seventh data protection principles under the Data Protection Act 1998.") 同上注，頁 9。[筆者按：罰則更嚴厲的《通用數據保障條例》在事件發生時仍未在歐盟地區（當時仍包括英國）生效，故不適用於此個案。]

（二）殖民管線公司 (*Colonial Pipeline Company*) 是美國一家石油基建公司，其管道長約 8,850 千里，由德克薩斯州一直伸延至紐約州，為美國東岸一帶供應其所需接近一半的燃油（包括汽油、柴油及飛機用燃油等經提煉的石油產品）。該公司的資訊科技系統，於 2021 年 5 月初被黑客透過網絡勒索軟件攻擊。該公司為策安全，迅速關掉整條管道 [筆者按：根據該公司的主席兼首席執行官約瑟夫·布勞特 (Joseph A. Blount) 在 2021 年 6 月 9 日美國國會眾議院國土安全委員會的聽證會上表示，該公司關閉管道是為了過制任何潛在的破壞，並避免惡意軟件擴散到管道的操作技術網絡。]；結果導致東岸汽油短缺，引起消費者恐慌性買汽油，汽車油站大排長龍，車用汽油價格急升，美國聯邦汽車安全局 (*Federal Motor Carrier Safety Administration*) 一度向 17 個州和首都華盛頓特區發出緊急令，減免商用運輸燃料某些有關安全的法律責任，以圖加快向受影響地區緊急運送燃料紓緩危機。

根據報章披露，美國政府內部曾評估因殖民管線公司關閉其管道，估計全國只餘三至五天便會因柴油短缺而導致巴士及其它集體運輸系統只能有限度運作；化工廠和石油提煉廠等設施亦需要關閉，因為即使提煉了成品，也無法透過管道運送。殖民管線公司後來以比特幣付出贖金（時值共約 500 萬美元），該公司管道其後恢復運作。事件歷時接近一星期，是當時美國歷史上以石油基礎設施作為攻擊目標的最嚴重的網絡事故。美國聯邦政府司法部在事件約一個月後公開表示已取回約 85% 的比特幣贖金（時值共約 230 萬美元）。[筆者按：比特幣幣值在當期間下跌。故此雖然取回約 85% 比特幣贖金，但取回的價值只有原贖金價值約 46%。]

整個事件的過程參見 Joseph A. Blount, "Testimony made at the Hearing before the U.S. House of Representatives Committee on Homeland Security",

U.S. Congress, 9-6-2021. From www.congress.gov/117/meeting/house/112689/witnesses/HHRG-117-HM00-Wstate-BlountJ-20210609.pdf, retrieved 12-3-2024. 有關美國司法部發出取回部份比特幣贖金的新聞稿，參見 U.S. Department of Justice, "Department of Justice Seizes \$2.3 Million in Cryptocurrency Paid to the Ransomware Extortionists Darkside", 7-6-2021. From www.justice.gov/opa/pr/department-justice-seizes-23-million-cryptocurrency-paid-ransomware-extortionists-darkside, retrieved 12-3-2024. 相關的報章報導和分析參見 David E. Sanger, Clifford Krauss, and Nicole Perlroth, "Cyberattack Forces a Shutdown of a Top U.S. Pipeline", *New York Times,* 8-5-2021. From www.nytimes.com/2021/05/08/us/politics/cyberattack-colonial-pipeline.html, retrieved 12-3-2024; David E. Sanger and Nicole Perlroth, "Pipeline Attack Yields Urgent Lessons About U.S. Cybersecurity", *New York Times,* 14-5-2021. From www.nytimes.com/2021/05/14/us/politics/pipeline-hack.html, retrieved 12-3-2024.

從人權觀念在清末民初時期在中國的轉化的情形來看，國家在一個時代的大方向，會在在影響外來思想資源可否與原有的思想資源融合。數據（包括個人資料）在現今世界的重要性不言而喻；數據安全，已廣泛被認為和經濟安全以至於國家安全有重大關係。隨着網絡的無遠弗屆及深入滲透到各方面（無論是生活上、工作上、社交上或娛樂上），兼且數據（包括個人資料）已成為重要的生產資料，在中國內地發展保護私隱權，將無可避免地需要與數據安全，甚至乎經濟安全以至於國家安全，作通盤考慮。[240] 這是可以理解的，正如有研究者指出，"當安全與平等衝突的時候，必定立刻便把平等犧牲了。第一件重要的就是生命的基礎......平等祇能夠生出一部份利益......。"[241] 故此，什麼是最好的平衡點，最終都必以整體性的內生性因素主導，而不可能純粹以任何割裂性或單一性的因素，包括"人權"，作為凌駕性的考慮便成事。反過來說，中國內地近年在法規層面上對個人資料私隱的保護所作出的大量努力，並不是，也不應，和不能單從私隱作為"人權"的因素而考慮。

---

[240] 從網絡安全、數據安全和人工智能安全都屬於"總體國家安全觀"所涵蓋的安全領域，便可見科技、數據和安全的相互關係和其重要性。"總體國家安全觀"涵蓋二十個環環相扣的重點領域，包括前述三個領域，於2014年4月15日提出。參見香港特別行政區全民國家安全教育日網：〈總體國家安全觀〉。取自 www.nsed.gov.hk/national_security/index.php?a=safety，8-7-2023擷取。亦可舉一例作說明：根據中國內地於2021年11月開始實施的《個人信息保護法》第38(1)條及第40條的規定，關鍵信息基礎設施運營者和處理個人信息達到國家網信部門規定數量的個人信息處理者，應當將在境內收集和產生的個人信息存儲在境內。確需向境外提供的，應當通過國家網信部門組織的安全評估。《個人信息保護法》的條文參見中國人大網：〈中華人民共和國個人信息保護法〉。取自 www.npc.gov.cn/npc/c30834/202108/a8c4e3672c74491a80b53a172bb753fe.shtml，2-7-2023擷取。
[241] 高一涵：〈省憲法中的民權問題〉，頁43。高一涵在該文引述英國哲學家傑瑞米·邊沁 (Jeremy Bentham, 1748-1832) 所言。邊沁提倡效益主義 (*utilitarianism*)。有關"效益主義"在十八、十九世紀作為一套新的道德觀，以針對歐洲中世紀流行的基督教的以克制欲望為高尚、放縱欲望為墮落的道德標準的簡要介紹 (包括其主要人物、思維、實踐和批評)，參見余錦波：〈從公眾利益到個人權利〉，載文思慧、張燦輝編：《公與私人權與公民社會的發展》(香港：香港人民科學出版社，1995年)，頁87-104。

7.5 "人格"

中、西私隱觀有共通點嗎？中、西文化在私隱觀可以接軌嗎？[242]

筆者留意到，是次研究所引述關於私隱的觀念，有些把私隱觀念聯繫至"人格"（例如陳獨秀和高一涵）。沃倫和布蘭蒂斯，就從法律角度，闡釋私隱權是人享有其人格的權利。[243]

"人格"的意思是"人之品格也；謂在法律上有自主獨立之資格也。如奴婢囚虜，則無人格。又財團社團，在法律上亦有人格。"[244] 亦有解作"人的道德品質；人能作為權利義務主體的資格。"[245] 也

---

[242] 筆者需要說明一點，提出"可否接軌"並不帶有"接軌"應該發生或會否發生的判斷，亦不涉及誰接誰的"軌"的問題。筆者只是從思想的邏輯理路視角檢視"可否接軌"這點。

[243] 沃倫和布蘭蒂斯引用了一些法庭的判例，闡釋法院為何會拒絕未經作者同意而公開或出版諸如個人日記、信件或醫生對病人的記錄等等，為的便是要保護個人情感、私生活、健康狀況的私隱性，而這些"權利"是有別於私有產權 (the rights of private property)，也有別於版權 (copyright)。"為了避免個人寫作及其它所有的個人創作以任何形式出版而作出保護的原則，並非針對盜竊和挪為己用，亦並非私有產權的原則，而是在現實中不可侵犯人格的原則"。參見 Samuel D. Warren, and Louis D. Brandeis, "The Right to Privacy", pp. 200-205. 引文為筆者自譯，原文為 "The principle which protects personal writings and all other personal productions, not against theft and physical appropriation, but against publication in any form is in reality not the principle of private property, but that of inviolate personality". 見同注，頁 205。沃倫和布蘭蒂斯亦稱"……私隱權，作為一種個人受普遍性的保護的權利，便是一個人可享有其人格的權利"。原文為 "... the right to privacy, as a part of the more general right to the immunity of the person, - the right to one's personality". 見同注，頁 207。

[244] 方毅等編輯：《辭源正續編合訂本》（長沙：商務印書館，1939年），子集，頁 90。是次研究"人權"、"權利"的範圍主要涉及自然人，團體或法人不是研究的重點。

[245] 《新華漢語詞典》編纂委員會：《新華漢語詞典》（北京：商務印書館，2007年），頁 816。

有解作"人的性格、氣質、能力等特徵的總和；指作為人應具有的品德、品質；人能作為權利、義務的主體的資格。"[246]

綜觀以上，"人格"反映人作為人，要求人要有（和應該要有）自主和德行，否則人就不是"人"了。"人格"既是內在於人，又是後天努力（或不努力）培養所致，亦是做人處世、安身立命的指向標。在漢語中，"人格"的語義帶有褒義，它具備道德價值和正當性，因為具備"人格"一般被認為是"正道"，達到人作為人應該有、應會有和應可以有的"基準"，就正如"自由"、"平等"、"人權"等的道德價值和正當性之於西方的自由主義一樣，也是人作為人"本該如此"的"天賦之義"。所以，"人格"一詞可以打通中、西文化。

而"人格"在漢語的語境中，少了些"自由"和"平等"的意味，更多了點"心性"的面向，而且與各人後天的努力培養有密切關係，這令"人格"與中國人傳統文化中的"仁"、"德"、"道"和"良知"等價值有同質性，令它與中國文化的終極道德價值更易接軌。

"自由"在漢語語境是指可以隨心做某事，但不是說是否應該做某事。這就有如"權利"一詞，

---

[246] 《新現代漢語詞典》編委會編：《新現代漢語詞典》（武漢：崇文書局，2008 年），頁 688。

指向是某人有權做某事，但有權做某事不等於是否應該做某事，"權利"在漢語的語境並不自動帶來道德價值或正當性；故此，正如有研究者指出，"權利"的道德化會帶來風險："一旦權利道德化，現代自由社會就會變質，在某種程度上會退回到傳統社會組織或成為極權主義。"[247] 作為一種精神價值的源頭，中國的特性在於"內向超越"；[248] 一言以蔽之，就是"'道'與'心'的合一"，[249] 這和西方以體現個人為本位的"權利"是不同指向的價值觀。"平等"亦與中國人社會的差序格局基本上是不同維度的面向，兼有"關係"這參數常可影響中國人處理俗世的事情，故此，"平等"並不是中國人思想的"底流"層。

---

[247] 金觀濤、劉青峰：《觀念史研究：中國現代重要政治術語的形成》，頁 101。該研究者對這觀點有非常精闢的分析。見同注，頁 100-106。筆者對該分析的詮釋，是"權利"的根本屬性是法律，法律是現代文明為預防衝突而預先劃出的界限；過了界限便會帶來強制性的懲罰。"權利"是"實然"的東西。而"道德"總是好的東西，因為不好的東西不可能成為"道德"。追求好的東西屬正確乃不言而喻，東、西方皆然。用該研究者的用語，"道德是應然"的問題。見同注，頁 101。而"道德"無上限，因為它是"應然"的事情。若然權利道德化，"權利"便會被提升到"道德"的無止境高地，導致追求"權利"即使超越界限、衝破法律也可以被認為是好的或是"理所當然"的事情，因為它是"應然"之事；社會這樣發展便會陷入混亂狀態。歸根究底，這是因為"實然不能推出應然"。見同注，頁 105。
[248] 余英時語，見余英時：《論天人之際 中國古代思想起源試探》（新北市：聯經出版事業股份有限公司，2023 年），頁 58。
[249] 同上注，頁 63。該研究者亦提及，"無論對於現實世界進行反思和批判，還是推動一種超乎現實之上的理想，中國思想家無不以'道'為最後的根據。"同上注，頁 220。筆者認為這個表述，很能展現中國思想家的思想"底流"層，和西方思想家的"人權"觀念是很不同的。
對於中、西思想為何不同，筆者認為以下一段淺白而扼要的說話，是很透徹的論述："中國傳統文化，以道德心性為本體，因此有倫常禮義的作用；西方以希臘的尚智、希伯來的尊神為本體，因此有科技與宗教的作用。不相信'知識即美德'，怎麼能有鬼斧神工的科學？不制衡君權，怎能有民主？"見陳耀南：《中國文化對談錄》（香港：三聯書店，1993 年），頁 147。

但"人格"又不失為很個人的東西，它指向"個性"。在社會整體而言，無論是中、西社會，都不會、都不能夠，甚至乎都不可以要求劃一"人格"，"人格"是本然地個人化和多元的。這與西方自由主義中強調個人價值在本質上方向一致。"人格"要求人作為人要有人的尊嚴，把獸性和人性分別開來；"人格"也要求別人對自己尊重（而同時地自己對別人也要尊重）。故此，"人格"既具備內觀性質，亦外延於人，構成人與人的關係的方向舵。

而"人格"應要、需要和可以後天培養發展，在中、西社會都接受。"私隱"正正賦予個人空間發展其"人格"。以"人格"視角看"私隱"，比起由"人權"視角切入，可以令中、西私隱觀念更加接近。若依此進路，"私隱"仍可和仍會包含"不被打擾的權利"的觀念，亦不悖它在人與人的差序關係中所產生的作用，但因為強調了"私隱"的"人格"面向，"私隱"作為"不被打擾的權利"的面向會較為消減和淡化，因為公權行為（除卻政府為大眾提供教育外），一般不被認為需要介入塑做一個人的"人格"。

整體而言，"私隱"從"人格"的思想進路，對比"人權"的進路，強調更多的尊嚴(dignity)、正道(decency)、多元(diversity)和發展性(development)。[250] 而這些面向，皆無悖於中、西

---

[250] 對於以此進路，會否對現有的法律就私隱的保護產生影響（而若有影響的話，是什麼影響，以及該如何適當地改變或安排法律上對私隱的保

文化，亦為它們所接受。這些面向，不但適用於人，也適用於現代民族國家。故此，若多從"人格"（而非單從"人權"）的視角檢視"私隱"，長遠來說可能會令中國人的私隱觀，多一些"私"的元素，例如多些包容對個人的尊重，又不背離國家層面意義上的"公"，甚至乎是少一些"公"的因子，例如少些受到"關係"的差等或自主性而影響享有私隱的程度；最終在保護私隱行出一條自己的道路。

7.6　方法論

　　思想的改變需要一個契機，例如原有的思想資源不足以解決問題，人們便會尋求外來的思想資源以應付不足。但思想改變的過程需要驗證外來思想資源在原有的思想資源是否具備正當性。在中國人的文化裏，正當性不僅要求合情、也要求合理，但最終衡量正當性的，是外來思想資源是否合乎中國

護，例如在保護的內容、範圍和方式方法等），則不在是次研究的範圍。
但可以參考的是，"人格權"作為一種權利，已經納入了中國內地的《民法典》。《民法典》自 2021 年 1 月 1 日起於內地施行，是民事領域的基礎性、綜合性法律，覆蓋人民生活衣食住行、生老病死和生產經營的方方面面。《民法典》共有七篇，涵蓋"總則"、"物權"、"合同"、"人格權"、"婚姻家庭"、"繼承"和"侵權責任"。〈人格權篇〉有六章，是關於"一般規定"、"生命權、身體權和健康權"、"姓名權和名稱權"、"肖像權"、"名譽權和榮譽權"，以及"隱私權和個人信息保護"。第六章的"隱私權和個人信息保護"共八條，而《民法典》的具體執行情況仍有待觀察。從〈人格權篇〉的內容來看，"人格權"也包含了一些很根本的社會和經濟權利（例如"生命權、身體權和健康權"）；而且"人格權"的涵蓋面比"隱私權"更潤。
《民法典》的條文，見中國人大網：〈中華人民共和國民法典〉。取自 www.npc.gov.cn/npc/c30834/202006/75ba6483b8344591abd07917e1d25cc8.shtml，30-6-2023 擷取。有關《民法典》的背景資料，參見共產黨員網：〈新時代的人民法典—《中華人民共和國民法典》誕生記〉。取自 www.12371.cn/2020/05/28/ARTI1590673591554550.shtml，30-6-2023 擷取。

人的道德價值。這個驗證需要一個過程，而這過程通常是漫長的。

那麼思想的改變是否沒有方法論可言，只能默默地等待契機的來臨，才能在某些場域展開"驗證"呢？

筆者認為香港的終審法院在一宗 *希慎興業有限公司及另七人 對 城市規劃委員會* 的案件中，於 2016 年 9 月 26 日頒下的判決書，[251] 釐定了一個很有用的 "四階段測試" (four-stage test)，以檢視公共政策的介入是否不公地剝奪了上訴人的權利，[252] 這個測試為思考如何平衡 "公" 與 "私" 的衝突提供了一個方法論。

判決書中清楚表明，"四階段測試" 中的前三個測試並非新事物，它們是測試公共政策的介入所施行的舉措，（一）是否具有合法、正當性的目的 (legitimate aim)；（二）是否與所聲稱希望達到的目的理性地關聯 (rationally connected)；（三）

---

[251] 該判決書為終院民事上訴 2015 年第 21 號 (FACV No.21 of 2015)，見法律參考資料系統：〈希慎興業有限公司及另七人 對 城市規劃委員會〉。取自 www.legalref.judiciary.hk/lrs/common/ju/loadPdf.jsp?url=https://legalref.judiciary.hk/doc/judg/word/vetted/other/en/2015/FACV000021_2015.doc&mobile=N，30-6-2023 擷取。

[252] 簡單而言，該案關乎上訴人的私有財產權，在與城市規劃委員會所規定的規劃限制下，有沒有違反《基本法》第 6 及第 105 條對私有財產權所賦予的保護的問題。上訴人是土地財產擁有人和發展商，不服下級法院先前沒有接納有關的規劃限制因其不相稱地侵犯上訴人的財產權而違憲，故要求終審法院指示城市規劃委員會考慮有關的規劃限制是否違憲。參見上注，第 2-10 段。有關 "四階段測試" 的內容，參見上注，第 54、67-69 段。

就達到目的而言，是否不多於所需 (no more than necessary)。[253]

引入的第四個測試，是關乎公共政策的舉措與個人是否合乎比例性 (proportionality)，意思是追求社會利益是否對個體造成不可接受的沉重負擔。[254] 判決書提及，如果通過了前三項測試，通常應該為第四個測試帶來陽性結果，但法院接受第四項測試是唯一與個人權利和社會利益平衡形成鮮明對比的測試。[255]

終審法院的"四階段測試"，其後有應用於其它法庭案件。其中一宗個案是關於選民的個人資料，是否應繼續讓公眾人士查閱，以求令選舉可繼續具透明度地被監察，達到選舉的公平和公正獲得認受的目的；還是查閱應該要較有限制性，以更好地保護選民的私隱。[256] 該個案的背景，是因很多公職

[253] 同上注，第 52-54 段。
[254] 同上注，第 67-69 段。
[255] 同上注，第 70-73 段。
[256] 有關的個案為香港警察隊員佐級協會及另一人 對 選舉事務委員會及另二人 [上訴法庭民事上訴 2020 年第 73 號 (CACV 73/2020)]。上訴法庭 (Court of Appeal) 於 2020 年 5 月 21 日頒下判決書，見法律參考資料系統：〈香港警察隊員佐級協會及另一人 對 選舉事務委員會及另二人〉。取自 www.legalref.judiciary.hk/lrs/common/ju/loadPdf.jsp?url=https://legalref.judiciary.hk/doc/judg/word/vetted/other/en/2020/CACV000073_2020.docx&mobile=N，30-6-2023 擷取。個案的背景參見同注，第 2-12 段。
概括而言，上訴法庭最終裁定對於有安全憂慮的選民而言，選民資料可無限制地被查閱，是超乎了為確保選舉要透明的合理所需。制度上欠缺有限度的酌情權，以容許選民登記冊可在某些受限制的形式下被查閱，也令制度變得不合乎比例。總的來說，法庭表示當時的查閱選民登記冊安排，並沒有在個別相關的選民的權利和追求選舉透明所帶來的社會利益之間，達到一個公平的平衡，故在此有限範圍內判上訴人得直。參見同注，第 65、69、108-110 段。根據上訴法庭的這個裁決（以及上訴法庭在其後

人員（包括警員），在 2019 年下半年於香港發生的嚴重社會事件中被"起底"，[257] 導致當事人（以及有時包括其家人）遭受滋擾、威脅或恐嚇而造成傷害。

另一宗案件是關於兩名上訴人，他們是女跨男的跨性別人士。他們自年輕時已經自我認定為男性。被診斷患上性別不安後，他們分別接受漫長的醫學及外科手術治療，包括精神科治療、荷爾蒙治療、乳房切除手術和實際生活體驗（即在專業支援及指引下以男性角色生活），他們因而取得男性身體特徵，而他們的性別不安亦在醫學上獲證實已經得到足夠緩減，使他們在無需進行其他外科手術的情況下亦能融入社會和享有健全的心理狀態。鑑於上述改變，上訴人向人事登記處處長申請更改他們身份證上的性別標記，但被拒絕，原因是根據人事登記處處長的政策，跨性別人士如欲更改其性別標記以反映後天取得的性別（即他們認同的性別，而非出生時登記的性別），除非獲醫學豁免，否則他

2020 年 5 月 27 日的相關聆訊頒下的命令），於相關選舉中獲有效提名的候選人、傳媒及政黨（後兩者須符合相關定義）可查閱正式選民登記冊。至於提供予公眾人士查閱的正式選民登記冊，是沒有顯示個人選民連結資料（即姓名及主要住址）。參見香港特別行政區政府新聞處：〈二〇二一年地方選區和功能界別正式選民登記冊於十月二十九日發表〉，2021 年 10 月 27 日。取自 www.info.gov.hk/gia/general/202110/27/P2021102700590.htm，8-7-2023 擷取。

[257] "起底"一般是指透過網上搜尋器、社交平台及討論區、公共登記冊、匿名報料等方式，將目標人士或其相關人士（如家人、親友等）的個人資料搜集起來，並在互聯網、社交媒體或其他公開平台（例如公眾地方）發布。[香港個人資料私隱專員公署：〈"起底"罪行 — 什麼是"起底"？〉。取自 www.pcpd.org.hk/tc_chi/doxxing/index.html，1-7-2023 擷取。]

們必須先接受完整性別重置手術，二人因此提出上訴。[258]

　　以上引述的法庭個案，都應用了"四階段測試"的方法，令法庭達致其判決。筆者觀察到，"四階段測試"正正是一個方法論，能夠以事前、客觀、有步驟地和具操作性地把社會整體利益，和受公共政策舉措影響的人士的利益或權利一併考慮，以求達到一個更平衡的決定；這其實提供了處理"公"與"私"的衝突的思考方法，而且這個方法論具備

---

[258]　有關的個案為 *Q and Tse Henry Edward* 對人事登記處處長［終院民事上訴 2022 年第 8 及 9 號 (FACV Nos. 8 & 9 of 2022)]。終審法院於 2023 年 2 月 6 日頒下判決書，見法律參考資料系統：〈*Q and Tse Henry Edward* 對人事登記處處長〉。取自 www.legalref.judiciary.hk/lrs/common/ju/loadPdf.jsp?url=https://legalref.judiciary.hk/doc/judg/word/vetted/other/en/2022/FACV000008A_2022.doc&mobile=N，30-6-2023 擷取。
上訴人的理據為人事登記處處長的決定違反他們在《香港人權法案》第 14 條下受憲法保障的私隱權（包括他們的性別認同權利及身體完整權利），因為人事登記處處長的政策導致上訴人在日常生活涉及出示身份證以供查閱的情況下，經常蒙受侮辱、困擾及失去尊嚴；它亦令上訴人需要在承受上述後果與接受具高度侵入性和醫學上不必要的手術之間作出選擇。總的來說，該案上訴的重點在於：人事登記處處長的政策以完整性別重置手術作為更改性別標記的準則是否相稱；以及該政策在其社會利益與上訴人在《香港人權法案》第 14 條下的權利之間是否取得合理平衡。個案背景參見同注，第 2-7 段。人事登記處處長的相關政策，參見同注，第 38-39、68 段。
終審法院最終裁定上訴得直並撤銷人事登記處處長的決定。終審法院亦宣告，人事登記處處長的決定和該政策規定女跨男跨性別人士必須接受完整性別重置手術，作為更改香港身份證性別標記的準則，違反上訴人在《香港人權法案》第 14 條下的權利。終審法院的決定和其理由，參見同注，第 103-109 段。
因應終審法院的判決，政府在 2024 年 4 月 3 日公佈，"申請更改香港身份證上性別記項的政策......經已修訂。由即日起，除了已完成整項性別重置手術的人士外，一般未有完成整項性別重置手術的人士，若已完成指定手術改變其性徵，並同時符合各項經修訂的資格準則及要求，將可申請更改其香港身份證上的性別記項"。參見香港特別行政區政府新聞處：〈修訂"更改香港身份證上性別記項"的政策〉，2024 年 4 月 3 日。取自 www.info.gov.hk/gia/general/202404/03/P2024040300183.htm，3-4-2024 擷取。換句話說，即使未有完成整項性別重置手術的人士，自公佈日起也有機會成功申請更改其身份證上顯示的性別。

伸縮性，"公"可以是社會、政府或團體。當然，這方法論是有其限制的，因為若受影響的人士眾多或其受影響的利益／權利有眾多方面，即使用"四階段測試"方法，也未必可以找出更好的平衡點。姑勿論如何，終審法院在提出"四階段測試"時，考慮了很多西方國家的案例，包括來自歐洲人權法庭(*European Court of Human Rights*) 判決的法學理論，這在在是一個很典型的例子，把西方法學思想，糅合到原有的思想資源，並根據實際的情況應用，結果把我們的思想推進了，在"自自然然"的過程中，形成了自己"新"的思考方法；而這個糅合，令社會與個人之間做到了"......雖合而不失掉自己的個性，......雖個性不失而協調若一"，[259] 是"大我"中有"小我"，在"小我"中又見"大我"，也是在"公"與"私"之間，提供一個找出更好的平衡點的方法論。

---

[259] 梁漱溟：《東西文化及其哲學》，頁 51。這是梁漱溟在討論東西文化及其哲學的異同時，就東、西方文化中的個性伸展和社會性的發展有沒有先後的因果關係時，對何謂有機的"社會組織"時所作的論述。

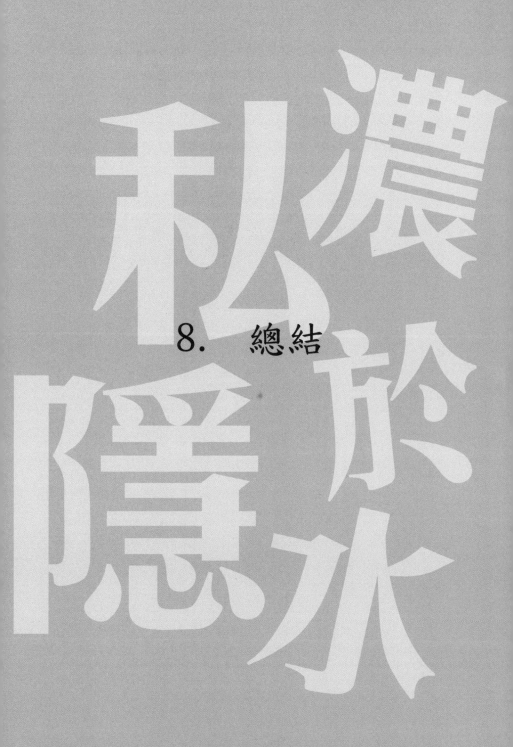

8. 總結

從清末民初"人權"觀念在中國的轉化，可以觀察到外來的思想資源在原有的思想資源無法解決當代的問題時，便會容易為思想家和知識份子注意並希望利用到。

但清末民初對中國人來說，是一段非常獨特的時間，因為那是國難當前，面臨"滅種"的時候，是"三千年一大變局"。[260] 西方的"權利"、"人權"思想來到中國時，都被思想家和知識份子拿來，透過他們種種的論述，把西方的"權利"、"人權"思想，試圖"托古"以與中國人的道德價值接軌，試圖令其正當化，實際上是工具化了。對於西方的"權利"、"人權"思想，當時在論述上看來合理，而且用當時流行的生物進化觀和社會達爾文論去看國與國的關係，也和現實中中國被列強侵略，不斷地割地賠款和被強迫開通口岸等等很吻合，正正是"弱肉強食"的狀況和適者生存的威脅。但究竟"權利"、"人權"思想運用在中國的場域實際上是否可行，似乎很少事前的全面分析，例如為什麼西方會有那些思想及它隨着時間的改變、那些思想是希望解決哪些問題、那些思想如何演化成具操作性的制度、那些制度運作起來有沒有問題和有什麼問題，以至於如何修正制度等等。

結果在民初時，在中國實行起來的選舉、議會

---

[260] 李鴻章(1823-1901)語，見戴逸：〈序言〉，載顧廷龍、戴逸主編：《李鴻章全集》（合肥：安徽教育出版社，2008年），冊1，頁1。

制、多黨制等沒有解決當初所希望解決的問題，中國仍然內、外積弱，國家危機仍然深重，國民的生活仍然艱難。"權利"、"人權"的思想和論述，也經不起實際生活的檢驗。從事後來看，"權利"、"人權"思想在傳入中國時在西方已有數百年的歷程，而且它是西方社會文藝復興以來所發展的人文主義、科學精神，並以解決諸如神權、君權過大等問題，再經過啟蒙時期強調的以人為本位和價值的思想累積而成，與中國在清末民初時所要面對的問題不一樣。用別人的方法去解決自己的問題，難免會有落差。在仿效西方的政治制度失敗後，中國的思想家和知識份子再從實際出發，可以觀察到有些人已把"權利"、"人權"的思想變得更社會化。

從"權利"、"人權"的思想，再去思考私隱的問題，可以將此聯繫到中國人討論"公"與"私"的問題。"公"在中國人的道德價值長久以來擁有無可質疑的正當性，"私"差不多是"公"的相反，但隨着明末清初以來的經濟結構改變以至於清末民初時自營謀利的盛行，"私"的正當性相對於"公"提高了，但當然和仍然取代不了"公"。但無論如何，因應上世紀國家改革開放以來，私營經濟無論在深度和廣度都比以前大大提升。

另外，人們可以預期，科技的急速發展和應用，可為人類開拓實體空間以外無窮盡的虛擬世界。人可以在這個虛擬世界"生活"，包括工作、學習、娛樂、交友，甚至乎視診等等。雖然這是虛擬世界，但經歷和體驗卻是真實的，使用者更可以在虛擬世界（例如在元宇宙）構建身份，甚至乎多重身份，帶來新的自我身份的認同。只要使用是正途的，這些都會促使"私"的正當性加強。

而且，由於科技可以輔助人類更快、更容易完成包括創作的工作（例如利用生成式人工智能）、亦可克服地域、時間差的限制而令人類的協作有更大的可能性和可行性；較簡單、刻板和重複性的工作可以由懂得自我學習的機器代勞，使人類更有空間提升自己（這當然還會有其它不良後果，例如工種消失導致工人、甚至專業人士失業。故此無法追上科技發展的人，將來可能處於社會的底層）。但可以這樣看，能適應這樣社會發展的人，其自主性會因應其作為個體可以獨立或協作完成所想，或所需要完成的事情的能力加強而有所提升，他的自由度亦可以提升。

但這不會一面倒地發生，"私"在虛擬世界的發展，同步會帶來"公"的角色的需要，因為虛擬世界的背後，仍然是人類互動所推進。互動所可能或可以產生的衝突、傷害、攻擊，就正如實體世界般，可以發生在個人、團體或國家層面，可以有個人、社會性或政治性的嚴重後果；數據（包括個人資料）安全和數碼環境安全都非常重要。故此，在中國內地發展保護私隱權，將無可避免地需要與數據安全、經濟安全甚至乎國家安全，作通盤考慮，"公"與"私"都需要尋找一個平衡點，在這個發展過程中，"人權"（包括私隱權）作為單一因素不會，也不能有凌駕性的影響。故此，中國內地近年在法規層面上對個人資料私隱的保護所作出的大量努力，並不是，也不應，和不能單從私隱作為"人權"的因素而考慮。

清末民初的"衛國保重"危機，為引入西方的"權利"、"人權"思想提供了契機。但若在相對平和的環境和空間，外來的思想資源有機會和原有的思想資源結合嗎？

從"權利"、"人權"觀念於清末民初在中國的轉化，可觀察到外來的思想資源，不但要在原有的思想資源看來合情和合理，更重要的是要在原有的思想資源找到正當性，才可能有機結合。對中國人的思想體系而言，終極的正當性來自道德價值。"權利"的面向更多是關於"可不可以"，而不是"應不應該"；前者是關於實然的問題，是工具性的，後者是關於應然的問題，是道德價值性的，故此對中國人來說也是正當性的問題。由此進路，以"人格"視角，比以"人權"視角，可能對中國人來說在語境和語義上帶來一種更多個人自主、自由的概念，而又不失中國文化所需求的終極正當性。由"人格"當中所蘊含的"4D"：尊嚴 (dignity)、正道 (decency)、多元 (diversity) 和發展性 (development) 作切入點，長遠來說可能會令中國人的私隱觀，多一些"私"的元素，例如多些包容對個人的尊重，又不背離國家層面意義上的"公"，甚至乎是少一些"公"的因子，例如少些受到"關係"的差等或自主性的影響，最終在保護私隱行出一條自己的道路。香港終審法院在 2016 年提出的"四階段測試"，對於如何考量"公"與"私"的平衡，不失為一個能夠以事前、客觀、有步驟地和具操作性的思考方法。

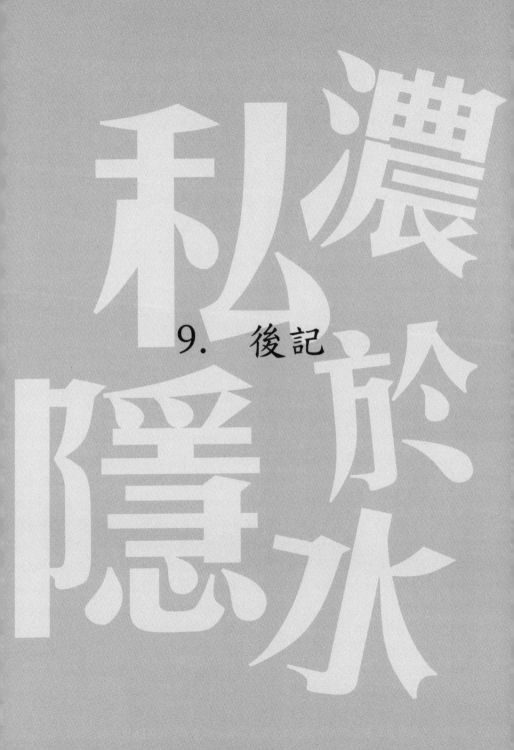

9.　後記

"權利"是很有吸引力的話語，正如有研究者指出，"關於權利的語言是一種特別有力的表達方式，它表達的是尊重個人，尊重他的尊嚴和價值，以及尊重他作為自主的道德行為者的地位。"[261] "人權"一詞，更把"權利"簡單易明地與每一個人掛上鈎。這個話語，對一些很根本的哲學問題如人是什麼、什麼是人、人活着為什麼，提供了"說法"。這個話語和說法，既包含了人的內在價值，也作為達到此價值的工具。"權利"和"人權"的語話，已深入到我們的生活中，甚至乎在一些很少想到的方面，都用"權利"這話語。[262] "私隱"被認為是"人權"的一部份，隨着科技的發展，它受到談論、注意以至於重視的程度會繼續提升。以此觀之，中國人對自己的私隱觀念的面向、內容、理解的研究其實有其實際需要，否則很難擺脫純以"人權"概念看"私隱"。

---

[261] 陳弘毅：〈權利的興起：對幾種文明的比較研究〉，載陳弘毅：《法治、啟蒙與現代法的精神》，頁 115-116。

[262] 2023 年 4 月香港某所大學的建築學系舉辦一個關於建築的論壇，其宣傳海報就以 "享有快樂的權利"(*the right to joy*) 作標題，並表示人們居住、工作等的樓宇會影響人的生活，可令人感覺舒暢，但亦可令人感到壓迫，是會影響建築物的使用者。宣傳海報隨後便寫道："......那麼建築物的使用者是否應享有某些權利？不但只是有庇護或穩固的權利，也有福祉的權利、享受清風的權利、看到日出和日落的權利，以及在長遠而言，可以優雅地老邁的權利、成長的權利，以致最終有享受快樂的權利"。(Faculty of Architecture, The University of Hong Kong, "Madhura Prematilleke – Discussion Lecture Series". From www.arch.hku.hk/event_/madhurapremati lleke/?subcat=discussion-lecture-series, retrieved 4-9-2023. 原文為 "... should users of architecture be entitled to certain rights? Not merely the right to shelter or stability, but also the right to well-being, the right to feel the breeze, the right to sense sunrise and sunset, and - on the long-term - the right to age gracefully, the right to grow, and ultimately the right to joy.")

但會否在實際行動上更重視私隱（即會否言行一致），則很視乎人們對保護私隱而要付出的代價如何取捨。例如個人少些網上的數碼足跡，是可以更好地保護私隱，但移動互聯網不但可隨時提供海量的免費最新訊息和操作平台管理日常工作和生活，更有個人化的這樣和那樣的推廣和推薦，人們願意／可以放棄或少用這些嗎？[263] 純綷為了保護私隱而不利用（或少利用）現代和普遍的溝通方法和資訊渠道實際嗎？又或者網上服務提供者有足夠誘因投入資源去保護用戶的私隱嗎？

　　這些實際的考慮，往往令到思想和生活中的實踐存在差異；思想在"言"的層面，比起在"行"的層面，後者更要克服很多實際的問題，即使是思想家和知識份子，也不是沒有例子其擁抱的思想與其實際行為有差異。[264] 故此，社會思想在發展上始

[263] 香港個人資料私隱專員公署於 2020 年 5 至 6 月期間，就公眾對保障個人資料私隱的態度，以隨機抽樣方式與家庭住戶進行了電話問卷調查，成功完成了 1,204 個訪問。當中有問及受訪者會否願意每月支付港幣 $20，以換取在使用互聯網服務（例如免費電郵）時，不再將其個人資料用於廣告。接近一半的受訪者（47%）都表示肯定不願意，而只有 10% 的受訪者表示肯定願意，這顯示大多數人都不願以付費形式保障私隱。這相比 2014 年的調查問到相類似的問題時，當時只有 6% 的受訪者表示肯定願意付費。[註：兩次調查的相關問題有些微差別。2014 年的問題假設受訪者付費後將不會收到廣告，調查其付費意願。2020 年的問題是付費後獲保證其個人資料不會用於廣告，其付費意願又如何。] 以上結果顯示以付費形式來保障私隱的意願在 6 年間有所上升，而肯定願意付費的受訪者雖然佔有不可忽視的百份比，但相對於保護私隱這話語的普遍性，仍屬低水平。而且可以預期，到真正要付費時，實際會付出的人會較少。問卷調查結果參見香港個人資料私隱專員公署：〈公眾對保障個人資料私隱的態度調查 2020：調查摘要〉。取自 www.pcpd.org.hk/tc_chi/resources_centre/publications/surveys/files/PublicSurveys_ExecutiveSummary_FINAL.pdf，17-7-2023 擷取。
[264] 舉例以作說明：張彭春在聯合國草擬《世界人權宣言》的工作很得到其它國家代表的信服，可以期望他本身亦支持"人權"。但當他知道自己

終有其複雜性，不光是在理論上或邏輯進路上說得通或說得好便成。

可以這麼樣理解，在追求個人的個性伸展的時候（例如要求更好或更多的人權、權利和私隱），社會性的發展也不應和不能被犧牲掉；同樣地，在追求社會性的發展的同時（例如追求數碼經濟的發展或數據安全等等），也不應和不能以大量甚至乎過度的收集、分析、彙編、使用和保留個人資料為由以致私隱被嚴重侵擾。這在在是一個共時平衡，而不是孰先孰後的問題。有研究者便說得清楚：

> 個性伸展的時候，如果非同時社會性發達，新路就走不上去；新路走不上去，即刻又循舊路走，所謂個性伸展的又不見了。個性、

的長子要和一個美國姑娘結婚時，他大力反對。據張彭春的次子表示，當他與父親爭辯這件事時，張彭春曾說："如果辰中〔筆者按：即張彭春長子〕堅持與一個美國姑娘結婚，我便和他脫離父子關係，我的家就不再接受他。"、"我就是不贊成，你們無視我的存在。"到最後，張彭春的長子和那美國姑娘結了婚。參見張彭春次子於 1994 年的回憶，見張遠峰著，譚融譯：〈懷念我親愛的父親〉，載崔國良、崔紅（編），董秀樺（英文編譯）：《張彭春論教育與戲劇藝術》，頁 609、612。胡適是另一個例子。他是新文化運動的重要推動者。胡適於 1919 年以自由婚姻為主題寫了一話劇，名《終身大事》。但胡適的婚姻是"包辦婚姻"，他與妻子江秀冬 (1890-1975) 廝守終身。

在"言"與"行"的矛盾，或許胡適在其日記中記載傅斯年 (1896-1950) 的感言是一有力的寫照〔註：傅斯年是"五四運動"的學生領袖之一，後來曾擔任中央研究院歷史語言研究所所長。〕：

　　傅孟真〔筆者按：即傅斯年〕說：孫中山有許多很腐敗的思想，比我們陳舊的多了，但他在安身立命處卻完全沒有中國傳統的壞習氣，完全是一個新人物。我們的思想新，信仰新；我們在思想方面完全是西洋化了；但在安身立命之處，我們仍舊是傳統的中國人。中山肯"幹"，而我們都只會批評人"幹"，此中山之不可及處。孟真此論甚中肯。（胡適：〈1929 年 4 月 27 日日記〉，胡適原著，曹伯言整理：《胡適日記全集》（台北：聯經，2004 年），第五冊 (1928-1929)，頁 581。）

社會性要同時發展才成，如說個性伸展然後社會性發達，實在沒有這樣的事。所以謂個性伸展即社會組織的不失個性，而所謂社會性發達亦即指個性不失的社會組織。[265]

該研究者亦表示，推動行動並非單靠知識便可，而是人要有欲望和在情感上要確確實實感到那些行動是必需的：

　　大家要曉得人的動作，不是知識要他動作的，是欲望與情感要他往前動作的。單指點出問題是偏知識一面，而感覺他真是我的問題，卻是情感的事。……就是說：我們的要求不是出於知識的計算領着欲望往前。是發於知識的提醒我們情感，要我們如此作的。要求自由，不是計算自由有多大好處便宜而要求的，是感覺着不自由的不可安而要求的。……他自己既不要求，你便怎樣指點問題，乃至把解決問題的道路都告訴他，他只是不理會！簡直全不中用！[266]

故此，將來私隱權在中國的發展，要視乎國人對私隱有多着緊，要視乎國人認為侵犯私隱會帶

---

[265] 梁漱溟：《東西文化及其哲學》，頁51。
[266] 同上注，頁 210-211。

來什麼憂慮甚或禍害以至於需要解決，要視乎國人認為保護私隱又可能需要和願意付出什麼樣的代價（包括社會整體的利益）。換句話說，這與國人在私隱權的需要、擔憂和理想的總體平衡有關。將來私隱權在中國的發展，不會是因私隱保護（或人權保障）在其它地方行得怎樣怎樣（包括行得"更先"、"更前"或"更好"者）而效法，因為每個地方的社會政治、經濟、發展情況與環境，以及國家政策的需要、重點和優次都不同。不同地方的私隱權利不盡相同，孰優孰劣其實並不能脫離該社會自身的歷史、傳統、文化和現狀而定論，亦沒有一個客觀的、單一或劃一性的硬標準。

當提及西方的人權觀或私隱觀時，我們或許有意或無意地把"西方"看成為一個單一系統。但若再細分察看，"西方"在人權或私隱都並非只得一套觀念。

例如在私隱保護方面，有研究者便指出，"在一方面，歐洲關心的是被大眾傳媒所威脅到的個人尊嚴；另一方面，美國關心的是自由，主要的威脅來自政府。對大西洋兩岸來說，這些價值觀源於18世紀後期的革命時代的歷史，是建基於深深打動他們的社會政治理想"。[267]（歐、美之間和歐洲

---

[267] 筆者自譯。原文為 "On the one hand, a European interest in personal dignity, threatened primarily by the mass media; on the other hand, an American interest in liberty, threatened primarily by the government. On both sides of the Atlantic, these values are founded on deeply felt

內部的私隱觀的不同之處見延伸閱讀（九）。）

延伸閱讀（九）：歐、美之間和歐洲內部的私隱觀的不同之處

　　歐、美之間和歐洲內部的私隱觀的不同之處，參見 James Q. Whitman, "The Two Western Cultures of Privacy: Dignity versus Liberty", *The Yale Law Journal*, Vol. 113 No. 6 (April 2004), p. 1151-1221.

　　就如何看私隱問題而言，該研究者指出歐洲人較着重個人能自主控制如何"在日常生活呈現自己"(*the presentation of self in everyday life*)。（見同注，頁 1168。）"歐洲人保護私隱，去到核心便是以一種方式去保護人有獲得尊重和個人尊嚴的權利。歐洲人的私隱權的最重要部份，便是一個人的形象權、姓名權和名譽權 — 也就是德國人所講的'資訊自決權' — 即可以控制披露自己的哪些資訊的權利……它們全是控制你的公開形象的權利 — 這些權利保證你以你所希望的方式展現人前。它們在一定程度上，保護你免受非如你所願地暴露於公眾面前的權利 — 以令你免於尷尬或受辱。根據這歐洲

sociopolitical ideals, whose histories reach back to the revolutionary era of the later eighteenth century." [James Q. Whitman, "The Two Western Cultures of Privacy: Dignity versus Liberty", *The Yale Law Journal*, Vol. 113 No. 6 (April 2004), p. 1219.] 應注意的是，該研究者亦強調，大西洋兩岸的兩種不同的價值觀，是相對而非絕對。再者，同時採取上述兩種方式保護私隱，在邏輯上也沒有矛盾。

大陸的概念，私隱最大的敵人便是媒體……"。原文為 "[European] [c]ontinental privacy protections are, at their core, a form of protection of a right to *respect* and *personal dignity*. The core [European] continental privacy rights are *rights to one's image, name, and reputation*, and what Germans call the *right to informational self-determination* - the right to control the sorts of information disclosed about oneself. ...They are all rights to control your public image - rights to guarantee that people see you the way you want to be seen. They are, as it were, rights to be shielded against unwanted public exposure - to be spared embarrassment or humiliation. The prime enemy of our privacy, according to this [European] continental conception, is the media, ..."。（見同注，頁 1161。）

而美國人就私隱所強調的，是指自由（liberty），指向主要是相對於政府侵入私人地方或生活而言。"相較之下，……美國是更多地傾向於自由的價值，特別是面對政府時的自由。美國人的私隱權利的核心概念，……是有免受來自政府侵擾其自由的權利，尤其是侵擾一個人的家。從美國人的觀點來看，最主要的危險便是……家的神聖性受到施加政府行為者的破壞。美國人［對私隱］的憂慮相對來說較少對焦媒體，他們反而擔憂在四牆之內能否保持一種私人的主權。" 原文為 "By contrast, America, ..., is much more oriented toward values of liberty, and especially liberty against the state. At its conceptual core, the American right to privacy ... is the right to freedom from intrusions by the state, especially in one's own home. The prime danger, from the American point of view, is that 'the sanctity of [our] home[s],' ..., will be breached by government actors. American anxieties thus focus comparatively little on the media. Instead, they tend to be anxieties about maintaining a kind of private sovereignty within our own walls."（見同注，頁 1161-1162。）

　　該研究者便舉了一些日常生活中的例子（和一些法庭判例），指出歐洲人和美國人對私隱的不同看法。例如，該研究者指出"......美國這地方的人，即使對着陌生人，也會以很難想像的方式，突然和你分享他的'私人活動'......歐洲人也相信，美國人有一個令人極度尷尬的習慣，就是談論薪酬。......在美國，晚宴的主人家問及客人賺多少，甚至乎他的淨價值是多少，都是很平常 — 而這些話題，從歐洲人的禮儀尺度，一般而言都幾乎屬於禁區範圍。" 原文為 "... America is a place where strangers suddenly share information with you about their 'private activities' in a way that is 'difficult to imagine' ... Americans have a particularly embarrassing habit, continental Europeans believe, of talking about salaries. It is 'normal in America,' ..., for your host at dinner to ask 'not just how much you earn, but even what your net worth is' - topics ordinarily quite off-limits under the rules of European etiquette." (見同注，頁 1155-1156。)

其它例子如信貸資料的記錄和使用，該研究者指出歐洲人就比美國人要求嚴格，認為它也反映一個人的尊嚴和名譽，不應過度記錄、查閱或使用；而美國人則認為信貸資料的廣泛流通，更有助當事人的財務安排以至於創造財富，並無不可。(見同注，頁 1156、1193。) 但另一方面，該研究者亦指出美國人對於歐洲人願意在公眾地方裸露身體（例如在天體海灘或公園）的程度，感到困惑。(見同注，頁 1158。)

該研究者也疏理了歐洲內部不同的地方（法國和德國），對私隱的觀念也稍有不同。例如，"但法國的現代私隱保護，……乃自革命時期開始，特別是引入新聞自由之後"。原文為 "But the modem history of French privacy protection,…, begins with the Revolution, and most particularly with the introduction of freedom of the press". (見同注，頁 1172。) 而德國對私隱的概念，是側重保護 "人格"。該研究者引述指 "……德國的人格法例，便是自由的法例 — 是內心空間的法例，在這裏人自由發展其人格並對其自我負責……"。原文為 "…the German law of personality is a law of freedom - the law of the Inner Space, in which… '[humans] develop freely and self-responsibly their personalities' ". （見同注，頁 1180。）其它有關法庭的案例在此不贅。

　　整體而言，該研究對了解歐、美就私隱概念的不同取向，以及歐洲內部的相互差異及其因由，非常有幫助。該研究者的一個重要觀察，是認為沃倫及布蘭蒂斯就私隱權的論述，正正引入了歐洲大陸關於傳媒對私隱的影響，以至於"名譽"和"人格"的概念，並透過當其時變革中的法律概念（即對物質性財產的侵權提供法律濟助的概念，伸延至對非物質性財產的侵權提供法律濟助。這些財產包括例如知識性的或藝術性的），將法律濟助應用於非物質性的傷害，例如感情上或道德上的，並以此證明法律對侵擾私隱提供濟助，應該和可以提供保護。（見同注，頁 1204-1209。）該作者進一步認為，美國一直仍沒有普遍地接納"名譽"、"人格"或"尊嚴"作為保護私隱的主要理念。故此，該研究者表示，"......與其視沃倫和布蘭蒂斯的侵權［概念］是美國的偉大創新，倒不如視其為移植歐洲大陸［概念］的失敗"。原文為 "...it is best to think of the Warren and Brandeis tort not as a great American innovation, but as an unsuccessful continental transplant". （見同注，頁 1204。）

　　近年歐洲聯盟法院 (Court of Justice of the European Union)，曾兩度裁定歐盟與美國締結的有關合資格在美企業可以接收由歐盟輸出的個人資料的框架協議無效，便是一個例子。這些判決表示了，同屬 "西方" 的歐、美兩方，美國保護歐盟人士的跨境個人資料私隱的機制，都不為歐洲聯盟法院所接受。[268]

把西方細分化考察，並不是要把研究視野收窄或碎片化，而是透過細分化，可以看出西方一些概念的多元性，有些可能和中國人的概念接近些，有

---

[268] 2020 年 7 月 16 日，歐洲聯盟法院在一案中推翻了 "歐盟 - 美國私隱保護盾" (*EU-US Privacy Shield*, 下稱 "私隱保護盾") 的框架。[註：合資格的在美公司，可以列入 "私隱保護盾" 名單。在 "私隱保護盾" 的框架下，歐盟公司可方便、合法地把歐盟人士的個人資料出口予 "私隱保護盾" 名單中的在美公司而無須附加另外的保護措施，便能達到歐盟對個人資料私隱的要求的保護水平。] 歐洲聯盟法院的判決的主要原因是該法院認為 "私隱保護盾" 不能向歐盟人士提供基本上等同於《通用數據保障條例》所要求的保護水平。歐洲聯盟法院在這方面認為：（一）美國監察當局 (surveillance authorities) 在獲取從歐盟轉移過來的個人資料方面沒有明確的限制；及（二）歐盟人士沒有尋求司法補救的途徑。

"私隱保護盾" 的制定，是因為在 2015 年，歐洲聯盟法院在一案中宣布 "美國 - 歐盟安全港框架" (*US-EU Safe Harbour Framework*, 即 "私隱保護盾" 的前身) 無效之後，為了便利個人資料從歐盟跨大西洋轉移至美國而作為代替 "美國 - 歐盟安全港框架"。

參見 European Parliament, "At a Glance: The CJEU judgment in the *Schrems II* case". From www.europarl.europa.eu/RegData/etudes/ATAG/2020/652073/EPRS_ATA(2020)652073_EN.pdf, retrieved 19-6-2023.

2022 年 3 月，美國與歐盟初步達成代替 "私隱保護盾" 的 "歐盟 - 美國數據私隱框架"（即 *EU-US Data Privacy Framework*）。最終，該新的框架於 2023 年 7 月 10 日為歐盟通過而開始生效。參見 European Commission, "Data Protection: European Commission adopts new adequacy decision for safe and trusted EU-US data flows". From www.ec.europa.eu/commission/presscorner/detail/en/IP_23_3721, retrieved 11-7-2023.

可以注意的是，歐洲已有私隱倡議組織表示會向法院對新的框架提出挑戰。該組織名為 "與你無關" (*noyb*)。參見 Noyb, "New Trans-Atlantic Data Privacy Framework largely a copy of 'Privacy Shield': *noyb* will challenge the decision". From www.noyb.eu/en/european-commission-gives-eu-us-data-transfers-third-round-cjeu, retrieved 11-7-2023. 前兩次歐洲聯盟法院所做的判決，其相關訴訟皆源自這個組織的投訴。[筆者按："noyb" 的意思是 "與你無關"，即 "none of your business"。]

些可能距離遠些。就正如在東方，中國的文化和印度的便很不同，總不能"一概而論"。這樣的好處是減低二元思維所帶來的對立性，避免在比較法下導致過於簡單化的"好"與"不好"的判斷的風險，兼且令人類文明、思想和概念的多樣性更容易突顯，為推進人類更廣闊和更具深度的思想視野帶來更大的兼容性和可能性。

在是次研究中，筆者觀察到對"私隱"的研究，比對"權利"的研究少得多。即便是"私隱"或"隱私"作為"privacy"的對譯詞，也說不準這從何來，例如由哪時開始、在什麼場景開始或怎樣開始，這就與"權利"一詞很不同。將來或許可以研究這個課題，因為它會幫助我們儘量釐清詞源的由來，知道它怎麼來，對它往後在中國對"私隱"觀念的發展的影響，會有更好的掌握。

在清末民初的一段時間，當其時的政府都有一些和"人權"或"私隱"有關的舉措或規定。[269] 究竟當年制定的過程中，是否或有沒有從"人權"或

---

[269] 這些包括：
（一）"1905 年 4 月 24 日，清政府准沈家本 (1840-1913)、伍廷芳 (1842-1922) 之奏請，將律例內重刑凌遲、梟首、戮屍三項永遠革除，在死刑執行上重視人權。"[馮江峰：〈清末民元人權大事記〉，頁 241。]
（二）"1905 年 11 月 7 日，修律大臣伍廷芳奏准，飭刑部通知各省實行禁刑訊、廢笞杖新章。"[同上注。]
（三）《中華民國臨時約法》第二章第六條訂明："人民得享有下列各項之自由權。（一）人民之身體。非依法律不得逮捕拘禁審問處罰。（二）人民之家宅。非依法律不得侵入或搜索。……（五）人民有書信秘密之自由。……"參見中央法令：〈中華民國臨時約法〉，《秦省警察彙報》，第 1 卷 1 期 (1912 年 8 月)，頁 9-10。

"私隱"的角度去檢視這些事情?如有的話,它怎樣影響當中的過程、考慮和結果?若有考證這些事情的史料,會對了解中國人如何發展人權和私隱權很有幫助。

此外,由於中國內地、香港、台灣以至於海外華人社會受西化的程度不同,若能以比較法考察私隱觀念在不同的華人社區如何發揮作用,也是非常有意義的研究。

筆者亦觀察到,以新文化史方法研究中國人的私隱觀念不算多,很多都是研究在科技發展下,私隱所受到的影響及/或在法理上如何處理。但新文化史方法可以對中國人如何理解私隱以內生性視角作切入點,令研究者擺脫純以西方本位的私隱觀看中國問題。當然,東、西方因有交往而是會相互影響的。仍然必須有一個全球觀,因為只有深刻認識世界,與自己國家情況比較,才能更好地知道別人和自己民族的思想觀的"其然",並且"知其所以然",並以原有的思想理路作根本,思考外來的思想資源可否更好地幫助應對時代問題,不能純然將外來的制度、行事方式硬套,就正如孫中山曾說:

> 歐美有歐美的社會,我們有我們的社會,彼此的人情風土,各不相同。我們能夠按照自己的社會情形,迎合世界潮流做去,社會才可以改良,國家才可以進步。如果不照自己社會

的情形，迎合世界潮流去做，國家便要退化，民族便受危險。[270]

這是到今天仍然適用的忠告。若然已站在世界潮流前端，我們仍然有繼續開拓的空間；文化、文明發展沒有最好，可以更好，總可以進一步豐富和提升自己的水平，造福民族，造福人類。

---

[270] 孫中山：〈三民主義—民權主義 第五講〉，載孫中山著，秦孝儀主編：《國父全集》，第一冊，頁 13。該講於 1924 年 4 月 20 日進行。

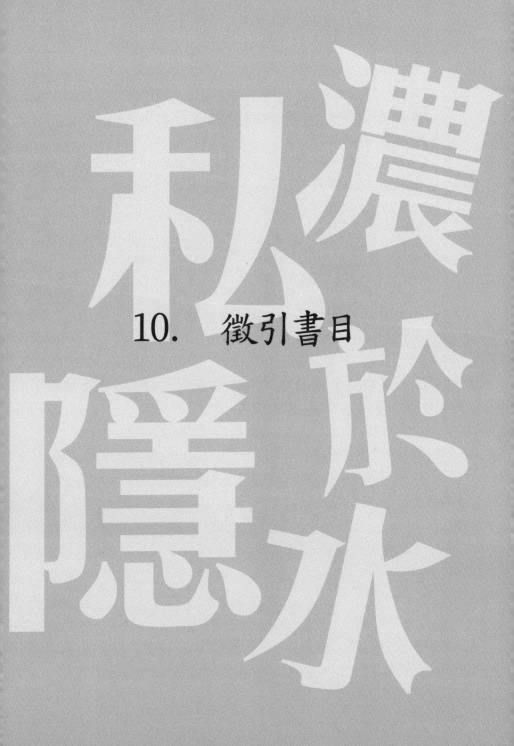

10. 徵引書目

專書

上海商務印書館編譯:《新訂英漢詞典》(上海:上海商務印書館,1922 年)。

王先謙撰,沈嘯寰、王星賢點校:《荀子集解》(北京:中華書局,1988 年)。

王汎森:《思想是生活的一種方式:中國近代思想史的再思考》(台北:聯經出版事業股份有限公司,2017年)。

王利明主編:《人格權法新論》(長春:吉林人民出版社,1994 年)。

中國人權研究會主編:《中國人權年鑒 2000-2005 年》(北京:團結出版社,2007 年)。

王爾敏:《中國近代思想史論續集》(北京:社會科學文獻出版社,2005 年)。

方毅等編輯:《辭源正續編合訂本》(長沙:商務印書館,1939 年)。

文思慧、張燦輝編:《公與私 人權與公民社會的發展》(香港:香港人民科學出版社,1995 年)。

毛澤東:《毛澤東選集》,第四卷 (北京:人民出版社,1960 年)。

毛澤東著，中共中央文獻研究室編：《毛澤東文集》，第五卷（北京：人民出版社，1996 年）。

余英時著，沈志佳編：《余英時文集》，第三卷，《儒家倫理與商人精神》（桂林：廣西師範大學出版社， 2004 年）。

余英時：《論天人之際　中國古代思想起源試探》（新北市：聯經出版事業股份有限公司，2023 年）。

杜鋼建：《中國近百年人權思想》（香港：中文大學出版社，2004 年）。

李贄：《藏書》（台北：台灣學生書局，1974 年）。

沈芝盈編輯，樓宇烈整理：《康有為學術著作選 孟子微；禮運注；中庸注》（北京：中華書局，1987 年）。

吳忠希：《中國人權思想史略：文化傳統和當代實踐》（上海：學林出版社，2004 年）。

金觀濤、劉青峰：《觀念史研究：中國現代重要政治術語的形成》（北京：法律出版社，2009 年）。

俞江：《近代中國的法律與學術》（北京：北京大學出版社，2008 年）。

香港法律改革委員會：《香港法律改革委員會報告書：有關保障個人資料的法律改革》（香港：1994 年 8 月）。

香港個人資料私隱專員公署:《內地〈個人信息保護法〉簡介》(香港:2021 年 11 月)。

胡適原著,曹伯言整理:《胡適日記全集》(台北:聯經,2004 年)。

高亨注譯:《商君書注譯》(北京:中華書局,1974 年)。

班固撰,顏師古注:《漢書》(北京:中華書局,1962 年)。

夏勇:《人權概念起源—權利的歷史哲學》(北京:中國政法大學出版社,1992 年)。

馬特:《隱私權研究:以體系構建為中心》(北京:中國人民大學出版社,2014 年)。

梁啓超著,張岱年主編:《新民說》(瀋陽:遼寧人民出版社, 1994 年)。

梁啟超著,陳書良選編:《梁啟超文集》(北京:北京燕山出版社,1997 年)。

梁漱溟:《中國文化要義》(台北:正中書局,1967 年)。

梁漱溟:《東西文化及其哲學》(北京:商務印書館,2010 年)。

康有為:《大同書》(北京:朝華出版社,2017 年)。

陳弘毅：《法治、啟蒙與現代法的精神》（北京：中國政法大學出版社，2013 年）。

陳明光、侯真平主編：《中國稀見史料（第二輯）‧廈門大學圖書館藏稀見史料（一）》（廈門：廈門大學出版社，2010 年）。

許政雄：《清末民權思想的發展與歧異 ── 以何啟、胡禮垣為例》（台北：文史哲出版社，1992 年）。

閔琦：《中國政治文化：民主政治難產的社會心理因素》（昆明：雲南人民出版社，1989 年）。

陳獨秀著，林致良、吳孟明、周履鏘編：《陳獨秀晚年著作選》（香港：天地圖書有限公司，2012 年）。

許維遹著：《呂氏春秋集釋》（北京：北京市中國書店，1985 年）。

陳耀南：《中國文化對談錄》（香港：三聯書店，1993 年）。

孫中山著，孫中山研究學會、孟慶鵬編：《孫中山文集》（北京：團結出版社，1997 年）。

孫中山著，中國社會科學院近代史研究所中華民國研究室、中山大學歷史系孫中山研究室、廣東省社會科學院歷史研究室合編：《孫中山全集》（北京：中華書局，1981-1986 年）。

孫中山著，秦孝儀主編：《國父全集》（台北：近代中國
出版社，1989 年）。

孫中山著，尚明軒主編：《孫中山全集》，第八卷（北京：
人民出版社，2015 年）。

馮自由：《馮自由回憶錄：革命逸史》（北京：東方出版
社，2011 年）。

馮江峰：《清末民初人權思想的肇始與嬗變：1840-
1912》（北京：社會科學文獻出版社，2011 年）。

張宇澄、孔慶和編：《中西聞見錄》（南京：南京古舊書
店，1992 年）。

費孝通：《鄉土中國 生育制度》（北京：北京大學出版社，
1998 年）。

張枏、王忍之編：《辛亥革命前十年間時論選集》，第一
卷（香港：三聯書店，1962 年）。

張枏、王忍之編：《辛亥革命前十年間時論選集》，第二
卷（北京：三聯書店，1963 年）。

張朋園：《中國民主政治的困境，1909-1949：晚清以
來歷屆議會選舉述論》（台北：聯經出版事業股份有限
公司，2007 年）。

勞思光：《新編中國哲學史》（台北：三民書局，1984 年）。

崔國良、崔紅（編），董秀樺（英文編譯）:《張彭春論教育與戲劇藝術》（天津:南開大學出版社，2003 年）。

連浩鋈:《扭轉乾坤:革命年代的中國（1900-1949年）》（香港:天地圖書有限公司，2022 年）。

程夢婧:《〈人權宣言〉在晚清中國的旅行》（桂林:廣西師範大學出版社，2017 年）。

《新現代漢語詞典》編委會編:《新現代漢語詞典》（武漢:崇文書局，2008 年）。

《新華漢語詞典》編纂委員會:《新華漢語詞典》（北京:商務印書館，2007 年）。

葛兆光著:《中國思想史》，第二卷，《七世紀至十九世紀中國的知識、思想與信仰》（上海:復旦大學出版社，2001 年）。

歐陽修撰，徐無黨注:《新五代史》（北京:中華書局，2015 年修訂本）。

劉志強:《中國現代人權論戰:羅隆基人權理論構建》（北京:社會科學文獻出版社，2009 年）。

劉澤華、張榮明等著，劉澤華主編:《公私觀念與中國社會》（北京:中國人民大學出版社，2003 年）。

羅隆基著，劉志強編:《人權・法治・民主》（北京:法律出版社，2013 年）。

竇儀等撰，吳翊如點校：《宋刑統》（北京：中華書局，1984 年）。

顧廷龍、戴逸主編：《李鴻章全集》（合肥：安徽教育出版社，2008 年）。

嚴復著，王栻主編：《嚴復集》（北京：中華書局，1986 年）。

（日）佐佐木毅、（韓）金泰昌主編，劉文柱譯：《公與私的思想史》》（北京：人民出版社，2009 年）。

（日）溝口雄三著，鄭靜譯，孫歌校：《中國的公與私・公私》（北京：三聯書店，2011 年）。

（美）史華慈著，葉鳳美譯：《尋求富強：嚴復與西方》（南京：江蘇人民出版社，1996 年）。

（美）安靖如著，黃金榮、黃斌譯：《人權與中國思想：一種跨文化的探索》（北京：中國人民大學出版社，2012 年）。

（英）格倫・格林華德著，林添貴譯：《政府正在監控你：史諾登揭密》（台北：時報文化出版企業股份有限公司，2014 年）。

Angle, Stephen C., *Human Rights & Chinese Thought:*

A Cross-Cultural Inquiry (Cambridge: Cambridge University Press, 2000).

Angle, Stephen C., and Svensson, Marina (eds.), *The Chinese Human Rights Reader: Documents and Commentary, 1900-2000* (New York: M.E. Sharpe, 2001).

Arblaster, Anthony, *The Rise and Decline of Western Liberalism* (Oxford: Blackwell, 1984).

Bingham, Tom, *The Rule of Law* (London: The Penguin Group, 2011).

Eastman, Lloyd E., *The Abortive Revolution: China Under Nationalist Rule, 1927-1937* (Cambridge, Massachusetts: Harvard University Press, 1974).

Feldman, David, *Civil Liberties and Human Rights in England & Wales* (Oxford: Clarendon Press, 1993).

Ford, Clellan S., and Beach, Frank A., *Patterns of Sexual Behaviour* (New York: Harper & Brothers, 1951).

Greenwald, Glenn, *No Place to Hide: Edward Snowden, The NSA, and the U.S. Surveillance State* (New York: Metropolitan Books & Henry Holt and Company, 2014).

Hunt, Lynn, *Inventing Human Rights: A History* (New York: W.W. Norton, 2008).

Iriye, A., Goedde P., and Hitchcock William I. (eds.), *The Human Rights Revolution*: *An International History* (Oxford and New York: Oxford University Press, 2012).

McDougall, Bonnie S., and Hansson, Anders (eds.), *Chinese Concepts of Privacy* (Leiden and Boston: Brill, 2002).

Mireille, D.M. & Will, P.É. (eds.) and Norberg, N. (trans.), *China, Democracy and Law*: *A Historical and Contemporary Approach* (Holland: Brill, 2012).

Moore, Barrington, Jr., *Privacy*: *Studies in Social and Cultural History* (New York: M.E. Sharpe, 1984).

Nathan, Andrew J., *Chinese Democracy* (New York: Alfred A. Knopf, 1985).

Schwarz, Benjamin, *In Search of Wealth and Power*: *Yen Fu and the West* (Cambridge, Massachusetts: Belknap Press, 1964).

Svensson, Marina, *Debating Human Rights in China*: *A Conceptual and Political History* (Lanham: The Rowman & Littlefield Publishing Group, Inc., 2002).

Weatherley, Robert, *The Discourse of Human Rights*

in China: Historical and Ideological Perspectives (Basingstoke, Hampshire & London: Macmillan Press, 1999).

Weatherley, Robert, *Making China Strong: The Role of Nationalism in Chinese Thinking on Democracy and Human Rights* (London: Palgrave Macmillan, 2014).

Yan, Yunxiang, *Private Life under Socialism: Individuality and Family Change in a Chinese Village, 1949-1999* (Stanford, California: Stanford University Press, 2003).

論文

王中江:〈中國哲學中的"公私之辨"〉,《中州學刊》,1995 年 6 期 (1995 年 11 月),頁 64-69。

王天恩:〈智慧化時代隱私新問題及其應對〉,《社會科學家》,2023 年 3 期 (2023 年 3 月),頁 14-22。

方冠男:〈洪深的愛美劇和出走的娜拉—1924 年《少奶奶的扇子》的三重歷史觀察〉,《東方藝術》,2017 年 23 期 (2017 年 12 月),頁 95-100。

王新雅:〈中國近代民權觀念的發生與傳播〉,《理論與現代化》,2020 年 6 期 (2020 年 12 月),頁 60-68。

王爾敏:〈中國近代之人權醒覺〉,《中國文化研究所學報》,第 23 期 (1983 年),頁 67-83。

王澤鑒:〈人格權的具體化及其保護範圍—隱私權篇〉,《比較法研究》,2008 年 6 期 (2008 年 11 月),頁 1-21、2009 年 1 期 (2009 年 1 月),頁 1-20、2009 年 2 期 (2009 年 3 月),頁 1-33。

付紅安、齊輝:〈晚清民國時期隱私權與新聞自由的衝突與調適—從新聞法制的視角考察〉,《西南政法大學學報》,2019 年 2 期 (2019 年 4 月),頁 77-84。

朱宏:〈人工智慧發展衝擊下的隱私權保護路徑探索〉,

《法制博覽》，2023 年 11 期（2023 年 4 月），頁 54-56。

朱華：〈新文化運動初期的人權思想初探〉，《史林》，2002 年 1 期（2002 年 1 月），頁 94-97。

朱慕華、顧軍：〈中西方隱私性話題的跨文化差異分析〉，《品位·經典》，2020 年 1 期（2020 年 1 月），頁 40-43。

李文才：〈大數據背景下基於個性化推薦的安全隱私問題綜述〉，《網絡安全技術與應用》，2023 年 5 期（2023 年 5 月），頁 67-71。

何玉芳、張艷紅：〈改革開放 30 年中國公民政權認知取向變化研究—基於 1987 年和 2016 年對中國公民政治心理狀態的調查與分析〉，《西部學刊》，2018 年 4 期（2018 年 4 月），頁 5-10。

李依萍：〈中國公民政治心理調查〉，《改革》，1988 年 6 期（1988 年 6 月），頁 150-156。

何道寬：〈簡論中國人的隱私〉，《深圳大學學報（人文社會科學版）》，1996 年 4 期（1996 年 11 月），頁 82-89。

李維武：〈1903—1906 年：中國革命觀念的古今之變—以鄒容、秦力山、孫中山、朱執信四篇著述為中心〉，《貴州社會科學》，總 265 期 （2012 年 1 月），頁 104-113。

沈毓桂：〈辭萬國公報主筆啟〉，《萬國公報（上海）》，第 61 期 (1894 年 1 月)，頁 1-3。

吳元國：〈論隱私權〉（黑龍江大學博士學位論文，2013 年）。

金信年：〈從一字之見想到刑、民之別〉，《法學》，1982 年 8 期 (1982 年 8 月)，頁 13–13。

邱豐饒：〈論《周書·康誥》"德之說" 涵義〉，《長庚人文社會學報》，第 6 卷 2 期 (2013 年 10 月)，頁 299-322。

金觀濤：〈唯物史觀與中國近代傳統〉，《百年中國》，總第 33 期 (1996 年 2 月)，頁 54-61。

范新尚：〈清末民初公私觀探析—以自營謀利觀為視角〉，《黑龍江史志》，2014 年 11 期 (2014 年 8 月)，頁 218–219。

高一涵：〈國家非人生之歸宿論〉，《青年雜誌》，第 1 卷 4 期 (1915 年 12 月)，頁 14-21。

高一涵：〈省憲法中的民權問題〉，《新青年》，第 9 卷 5 期 (1921 年 9 月)，頁 40-46。

徐亮：《論隱私權》（武漢大學博士學位論文，2005 年）。

馬特：〈隱私語義考據及法律詮釋〉，《求索》，2008 年 5 期（2008 年 5 月），頁 131–133。

陳揚勇：〈建設新中國的藍圖 —《中國人民政治協商會議共同綱領》研究〉（復旦大學歷史學系博士論文，2009 年）。

許殘翁：〈隱私與陰私〉，《法學雜誌》，1986 年 2 期（1986 年 3 月），頁 26-26。

曹融、王俊博：〈論明末清初的公私觀念及其現代啟示〉，《社會科學家》，2017 年 2 期（2017 年 2 月），頁 29-34。

陳獨秀：〈敬告青年〉，《青年雜誌》，第 1 卷 1 期（1915 年 9 月），頁 13-18。

陳獨秀：〈敬告青年〉，《新世紀智能》，2021 年 ZA 期（2021 年 8 月），頁 8-11。

陳獨秀：〈法蘭西人與近世文明 〉，《青年雜誌》，第 1 卷 1 期（1915 年 9 月），頁 19-22。

陳獨秀：〈一九一六年〉，《青年雜誌》，第 1 卷 5 期（1916 年 1 月），頁 10-13。

陳獨秀：〈孔子之道與現代生活〉，《新青年》，第 2 卷

4 期 (1916 年 12 月)，頁 6-12。

黃克武：〈從追求正道到認同國族：明末至清末中國公私觀念的重整〉，《國學論衡》，2004 年 11 月 (2004 年 00 期)，頁 373-426。

張肇廷：〈孫中山對人權來源問題的認識轉變——從天賦的人權到爭來的民權〉，《文化學刊》，2018 年 11 期 (2018 年 11 月)，頁 68-73。

孫德鵬：〈清末以降的人權思想與實踐 (1840-1947)〉，《中國人權評論》，2014 年 2 期 (2014 年 12 月)，頁 9-30。

莊澤晞：〈從約法到訓政：孫中山的民權理想及其實踐走向〉，《近代中國》，第 36 輯 (2022 年 6 月)，頁 21-36。

曾麗潔：〈當代中西隱私權的研究及其啟示〉，《湖北大學學報 (哲學社會科學版)》，2007 年 4 期 (2007 年 7 月)，頁 35-39。

翟石磊、李灝：〈全球化背景下的中西方"隱私"之比較〉，《河北理工大學學報：社會科學版》，第 8 卷 第 1 期 (2008 年 2 月)，頁 111-114。

趙明：〈近代中國對"權利"概念的接納〉，《現代法學》，第 24 卷 1 期 (2002 年 2 月)，頁 69-75。

鄒容:〈革命軍〉,《建國(廣州)》, 1928 年 21/22 期 (1928 年 10 月),頁 37-57。

銀晟:〈人類文明中的隱私問題初探〉(《中央黨校(國家行政學院)》碩士學位論文,2019 年)。

劉志強:〈民國人權研究狀況的考察〉,《法律科學(西北政法大學學報)》,2015 年第 5 期 (2015 年 9 月),頁 44-55。

操瑞青:〈觀念為什麼難以成為制度—近代中國新聞出版領域"陰私"立法的論爭與失敗〉,《新聞記者》,2020 年 5 期 (2020 年 5 月),頁 74-87。

盧震豪:〈從"陰私"到"隱私":近現代中國的隱私觀念流變〉,《法學家》,2022 年 6 期 (2022 年 11 月),頁 31-45、192。

鍾明恩:〈戲曲中心命名的論述:戲曲在香港的傳承〉,《文化研究季刊》,第 172 期 (2020 年 12 月),頁 80-89。

Angle, Stephen C., and Svensson, Marina, "Rights and Chinese Thought", *Contemporary Chinese Thought*, Vol. 31 No.1 (Fall 1999), pp. 3-10.

Bellin, Jeffrey, "Pure Privacy", *Northwestern University Law Review*, Vol. 116 No. 2 (October 2021), pp. 463-514.

Cao, Jingchun, "Protecting the Right to Privacy in China", *Law Review (Wellington)*, Vol. 36 Issue 3 (October 2005), pp. 645-664.

Chen, Z. T., Cheung M., "Privacy Perception and Protection on Chinese Social Media: A Case Study of WeChat", *Ethics and Information Technology*, Vol. 20 Issue 4 (December 2018), pp. 279–289.

Diggelmann, Oliver, and Cleis, Maria N., "How the Right to Privacy Became a Human Right", *Human Rights Law Review*, Vol. 14, Issue 3 (September 2014), pp. 441-458.

Donnelly, Jack, "Human Rights: A New Standard of Civilization?", *International Affairs*, Vol. 74 Issue 1 (January 1998), pp. 1–23.

Ma, Yuanye, "Relational Privacy: Where the East and the West Could Meet", *Proceedings of the ASIST Annual Meeting*, Vol. 56 Issue 1 (October 2019), pp. 196–205.

Ma, Yuanye, "Relatedness and Compatibility: The Concept of Privacy in Mandarin Chinese and American English Corpora", *Journal of the Association for Information Science and Technology*, Vol. 74 No. 2 (February 2023), pp. 249–272.

McDougall, Bonnie S., "Privacy in Contemporary China", *China Information*, Vol. XV No. 2 (October 2001), pp. 140-152.

Yuan, Elaine J., Feng, M., and Danowski, James A., " 'Privacy' in Semantic Networks on Chinese Social Media: The Case of Sina Weibo", *Journal of Communication*, Vol. 63 Issue 6 (December 2013), pp. 1011–1031.

Wang, Y., Balnaves, M., and Sandner, J., "Shameful Secrets and Self-Presentation: Negotiating Privacy Practices Among Youth and Rural Women in China", *SAGE Open*, Vol.10 Issue 1 (January 2020), pp. 1-12.

Warren, Samuel D., and Brandeis, Louis D., "The Right to Privacy", *Harvard Law Review*, Vol. 4 No. 5 (December 1890), pp. 193–220.

Whitman, James Q., "The Two Western Cultures of Privacy: Dignity Versus Liberty", *The Yale Law Journal*, Vol. 113 No. 6 (April 2004), pp. 1151-1221.

電子資源及其它

中央法令：〈中華民國臨時約法〉，《秦省警察彙報》，第 1 卷 1 期（1912 年 8 月），頁 9-16。

中國人大網：〈中華人民共和國個人信息保護法〉。 取自 www.npc.gov.cn/npc/c30834/202108/a8c4e3672c74491a80b53a172bb753fe.shtml，2-7-2023 擷取。

中國人大網：〈中華人民共和國民法典〉。取自 www.npc.gov.cn/npc/c30834/202006/75ba6483b8344591abd07917e1d25cc8.shtml，30-6-2023 擷取。

中國青年報：〈"單身女性凍卵案"當事人：無論案件勝負，仍將堅持自己的路〉。取自 www.baijiahao.baidu.com/s?id=1765467062569544711&wfr=spider&for=pc，27-6-2023 擷取。

中國政府網：〈中國的人權狀況〉。取自 www.gov.cn/zhengce/2005-05/24/content_2615732.htm，19-6-2023 擷取。

中國網信網：〈國家互聯網信息辦公室公佈《個人信息出境標準合同辦法》〉。取自 www.cac.gov.cn/2023-02/24/c_1678884830036813.htm，12-3-2024 擷取。

中國網信網：〈國家網信辦等七部門聯合公佈《生成式

人工智能服務管理暫行辦法》〉。取自 www.cac.gov.
cn/2023-07/13/c_1690898326795531.htm，12-3-2024 擷取。

公牘:〈湖南署臬司黃勸諭幼女不纏足示〉,《湘報類纂》,
戊集,卷下 (1911 年),頁 3-5。取自 www-cnbksy-
com.eproxy.lib.hku.hk/literature/browsePiece?eid=nul
l&bcId=null&pieceId=8082fefd242802250493143126cc04
28&ltid=7&activeId=6483def9f74f7f6d3a88db79&downl
oadSource=NONE，10-6-2023 擷取。

共產黨員網:〈新時代的人民法典 —《中華人民共和
國民法典》誕生記〉。取自 www.12371.cn/2020/05/28/
ARTI1590673591554550.shtml，30-6-2023 擷取。

全國標準信息公共服務平台:〈信息安全技術 個人信
息去標識化效果評估指南〉。取自 www.std.samr.gov.
cn/gb/search/gbDetailed?id=F789206610ADB223E05397
BE0A0AE533，12-3-2024 擷取。

松:〈談蓄婢〉,《西京日報》,1937 年 6 月 30 日,頁 5。

保良局:〈機構簡介 — 倡立源起 〉。取自 www.
poleungkuk.org.hk/about-us/about-po-leung-kuk，23-4-
2023 擷取。

法律參考資料系統:〈希慎興業有限公司及另七人
對 城市規劃委員會 〉。取自 www.legalref.judiciary.
hk/lrs/common/ju/loadPdf.jsp?url=https://legalref.

judiciary.hk/doc/judg/word/vetted/other/en/2015/ FACV000021_2015.doc&mobile=N，30-6-2023 擷取。

法律參考資料系統：〈香港警察隊員佐級協會及另一人 對 選舉事務委員會及另二人〉。取自 www.legalref.judiciary. hk/lrs/common/ju/loadPdf.jsp?url=https://legalref. judiciary.hk/doc/judg/word/vetted/other/en/2020/ CACV000073_2020.docx&mobile=N，30-6-2023 擷取。

法律參考資料系統：〈*Q and Tse Henry Edward* 對人事登記處處長〉。取自 www.legalref.judiciary. hk/lrs/common/ju/loadPdf.jsp?url=https://legalref. judiciary.hk/doc/judg/word/vetted/other/en/2022/ FACV000008A_2022.doc&mobile=N，30-6-2023 擷取。

香港中文大學人民電算研究中心：〈漢語多功能字庫〉。 取自 humanum.arts.cuhk.edu.hk/Lexis/lexi-mf/search. php?word=%E6%AC%8A，10-5-2023 擷取。

香港中文大學人民電算研究中心：〈漢語多功能字庫〉。 取自 humanum.arts.cuhk.edu.hk/Lexis/lexi-mf/search. php?word=%E5%88%A9，10-5-2023 擷取。

香港中文大學人民電算研究中心：〈漢語多功能字庫〉。 取自 humanum.arts.cuhk.edu.hk/Lexis/lexi-mf/search. php?word=%E7%98%B3，26-5-2023 擷取。

香港星島日報：〈內地結婚人數創 37 年新低〉，2023

年 6 月 13 日，頁 A14。

香港特別行政區全民國家安全教育日網：〈總體國家安全觀〉。取自 www.nsed.gov.hk/national_security/index.php?a=safety，8-7-2023 擷取。

香港特別行政區政府新聞處：〈二〇二一年地方選區和功能界別正式選民登記冊於十月二十九日發表〉，2021 年 10 月 27 日。取自 www.info.gov.hk/gia/general/202110/27/P2021102700590.htm，8-7-2023 擷取。

香港特別行政區政府新聞處：〈修訂"更改香港身份證上性別記項"的政策〉，2024 年 4 月 3 日。取自 www.info.gov.hk/gia/general/202404/03/P2024040300183.htm，3-4-2024 擷取。

香港個人資料私隱專員公署：〈"起底"罪行 — 什麼是"起底"?〉。取自 www.pcpd.org.hk/tc_chi/doxxing/index.html，1-7-2023 擷取。

香港個人資料私隱專員公署：〈公眾對保障個人資料私隱的態度調查 2020：調查摘要〉。取自 www.pcpd.org.hk/tc_chi/resources_centre/publications/surveys/files/PublicSurveys_ExecutiveSummary_FINAL.pdf，17-7-2023 擷取。

香港經濟日報：〈首宗單身凍卵案 女事主盼掌生育權〉，

2023 年 5 月 10 日，頁 A15。

陳雋騫：〈戲曲中心　歌劇院〉，《星島日報》，2024 年 1 月 17 日，頁 D4。

黃國樑：〈武漢小學生遭老師撞死後　母親疑似遭網暴後也跳樓身亡〉，《聯合新聞網》，2023 年 6 月 3 日。取自 www.udn.com/news/story/7332/7210283，18-6-2023 擷取。

聯合國：《世界人權宣言》。取自 www.un.org/zh/about-us/universal-declaration-of-human-rights，16-4-2023 擷取。

Blount, Joseph A., "Testimony made at the Hearing before the U.S. House of Representatives Committee on Homeland Security", *U.S. Congress*. From www.congress.gov/117/meeting/house/112689/witnesses/HHRG-117-HM00-Wstate-BlountJ-20210609.pdf, retrieved 12-3-2024.

Digital, Culture, Media and Sport Committee of the House of Commons of the UK Parliament, "Disinformation and 'fake' news: Final Report". From www.publications.parliament.uk/pa/cm201719/cmselect/cmcumeds/1791/1791.pdf, retrieved 2-7-2023.

Digital, Culture, Media and Sport Committee of the House of Commons of the UK Parliament, "Press summary - Disinformation and 'fake' news: Final Report". From www.committees.parliament. uk/committee/378/digital-culture-media-and-sport-committee/news/103668/fake-news-report-published-17-19/, retrieved 2-7-2023.

European Commission, "Data Protection: European Commission adopts new adequacy decision for safe and trusted EU-US data flows". From www.ec.europa. eu/commission/presscorner/detail/en/IP_23_3721, retrieved 11-7-2023.

European Parliament, "At a Glance: The CJEU judgment in the *Schrems II* case". From www.europarl. europa.eu/RegData/etudes/ATAG/2020/652073/EPRS_ATA(2020)652073_EN.pdf, retrieved 19-6-2023.

Faculty of Architecture, The University of Hong Kong, "HKU UrbanLabs". From www.arch.hku.hk/event_/madhuraprematilleke/?page_num=4, retrieved 14-7-2023.

Federal Trade Commission, "FTC Imposes $5 Billion Penalty and Sweeping New Privacy Restrictions on Facebook". From www.ftc.gov/news-events/news/press-releases/2019/07/ftc-imposes-5-billion-penalty-sweeping-new-privacy-restrictions-facebook, retrieved 14-1-2024.

Information Commissioner's Office, "Investigation into the use of data analytics in political campaigns - A report to Parliament (6 November 2018)", 115 Pages. From ico.org.uk/action-weve-taken/investigation-into-data-analytics-for-political-purposes/, retrieved 14-1-2024.

Meredith, Sam, "Here's everything you need to know about the Cambridge Analytica scandal", *CNBC*, 23-3-2018. From www.cnbc.com/2018/03/21/facebook-cambridge-analytica-scandal-everything-you-need-to-know.html, retrieved 2-7-2023.

National Archives, "America's Founding Documents: Declaration of Independence – A Transcription". From www.archives.gov/founding-docs/declaration-transcript, retrieved 1-7-2023.

Noyb, "New Trans-Atlantic Data Privacy Framework largely a copy of 'Privacy Shield': *noyb* will challenge the decision". From www.noyb.eu/en/european-commission-gives-eu-us-data-transfers-third-round-cjeu, retrieved 11-7-2023.

Sanger, David E., Krauss, C., and Perlroth, Nicole, "Cyberattack Forces a Shutdown of a Top U.S. Pipeline", *New York Times*, 8-5-2021. From www.nytimes.com/2021/05/08/us/politics/cyberattack-colonial-pipeline.html, retrieved 12-3-2024.

Sanger, David E., and Perlroth, Nicole, "Pipeline Attack Yields Urgent Lessons About U.S. Cybersecurity", *New York Times*, 14-5-2021. From www.nytimes.com/2021/05/14/us/politics/pipeline-hack.html, retrieved 12-3-2024.

U.S. Department of Justice, "Department of Justice Seizes $2.3 Million in Cryptocurrency Paid to the Ransomware Extortionists Darkside", 7-6-2021. From www.justice.gov/opa/pr/department-justice-seizes-23-million-cryptocurrency-paid-ransomware-extortionists-darkside, retrieved 12-3-2024.

鳴謝頁

筆者於 2023 年 7 月完成碩士論文，論文獲得大學的圖書館納為館藏，成書出版時有輕微的增補刪修。

筆者借此機會感謝各位老師在「中國歷史研究」碩士課程中的指導。

課程不期然令筆者重新思考何謂歷史、何以歷史？課堂述及的種種歷史學觀點和方法論，諸如歷史和歷史學的關係、史學是否史料學（還是詮釋學）、經學、漢學、國學和中國學的發展和關係等等，都在在為筆者就歷史這門學科帶來新的體會。

筆者特別感謝陳永明名譽副教授為這本書寫了「序言」。陳副教授是筆者寫作論文時的指導老師，他的「中國史研究新視角」和「中國傳統思想及其現代轉型」課堂，都令筆者印象深刻。

筆者亦衷心感謝友人推薦借閱 Tom Bingham 的 *The Rule of Law* 一書，該書是論文所議題目的一個重要引發點（見本書的第一章）。

能有良師和益友的幫助，深感欣喜。然而論文若有任何錯漏偏差，固然由筆者自負。

　　執筆至此，但覺良師益友，皆人生中的不可或缺。

林植廷
2024 年 5 月 7 日

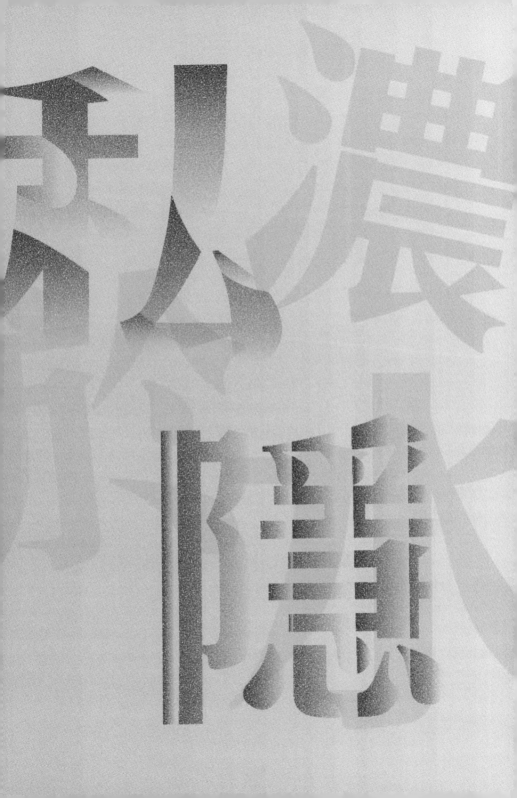

書　　　　　名	私隱濃於水　論「人權」觀念在中國的轉化對私隱權的啟示
作　　　　　者	林植廷
出　　　　　版	超媒體出版有限公司
地　　　　　址	荃灣柴灣角街 34-36 號萬達來工業中心 21 樓 2 室
出 版 計 劃 查 詢	(852)3596 4296
電　　　　　郵	info@easy-publish.org
網　　　　　址	http://www.easy-publish.org
香 港 總 經 銷	聯合新零售 (香港) 有限公司
出　版　日　期	2024 年 6 月
圖　書　分　類	歷史 / 人文社科
國　際　書　號	978-988-8839-80-3
定　　　　　價	HK$108